Sascha Janzen

Basketball für Einsteiger

Technik · Taktik · Trainingstips

Ullstein

Ullstein Sport
Ullstein Buch Nr. 27636
im Verlag Ullstein GmbH,
Frankfurt/Main–Berlin

Originalausgabe

Umschlagentwurf:
Theodor Bayer-Eynck
Umschlagfoto: BONGARTS
Fotos: Christoph Höhne
Zeichnungen: Wolfgang Schedler
Alle Rechte vorbehalten
© 1995 by Verlag Ullstein GmbH
Printed in Germany 1995
Gesamtherstellung:
Clausen & Bosse, Leck
ISBN 3 548 27636-9

April 1995

Gedruckt auf alterungsbeständigem
Papier mit chlorfrei gebleichtem
Zellstoff

Die Deutsche Bibliothek –
CIP-Einheitsaufnahme

Basketball für Einsteiger:
Technik – Taktik – Trainingstips /
Sascha Janzen.
[Fotos: Christoph Höhne]. –
Orig.-Ausg. –
Frankfurt/Main; Berlin:
Ullstein, 1995
(Ullstein-Buch; Nr. 27636:
Ullstein-Sport)
ISBN 3-548-27636-9
NE: Janzen, Sascha; Höhne,
Christoph; GT

Inhalt

Ein Wort vorweg	7
Spieler und Mannschaft	9
Was gehört zu einem guten Basketballspieler?	9
Die Ausrüstung	10
Zusammen sind wir stark – die Mannschaft	11
Das Training	13
Sieben goldene Regeln für das Basketballtraining	13
Dem Trainer über die Schulter geschaut	15
Immer diese Erwärmung – muß denn das sein?	15
Ist die Reihenfolge der Aufgaben in einer Trainingseinheit zufällig?	18
Kann man die Erholung beschleunigen?	18
Wann zahlt sich das aus, was wir im Training machen?	19
Was ist mit Perioden im Verlauf eines Trainingsjahres gemeint?	23
Rund um das Basketballspiel	25
Die Spielklassen im DBB	25
Basketball hat viele Gesichter	28
Mixed-Basketball	28
Rollstuhl-Basketball	29
Mini-Basketball	30
Streetball	30
Beach-Basketball	31
Die Schiedsrichter	31
Der Ballbesitz – er »polt« das Spiel »um«	32
Offense – das Spiel im Set-Play	33
Grundstellung Offense	33
Set-Play	35
Angriff gegen Mann-Mann-Verteidigung	38
Angriff gegen Ball-Raum-Verteidigung	39
Passen	40
Freimachen	44
Fangen	48
Dribbeln	51
Handwechsel	54

Pivotieren (Sternschritt) 57
Fintieren 59
1-gegen-1-Spiel 61
Block 63
Abstreifen 67
Wurfschirm 69
Give-and-Go 69
Korbwurf 71
Offensivrebound 73

Defense 76
Grundstellung Defense 76
Transition-Defense 78
Mann-Mann-Verteidigung 80
  Verteidigen gegen den ballführenden Spieler 84
  Deny-Defense 85
  Help-Side-Defense 87
  Cut-Defense 89
  Blockbekämpfung 91
Ball-Raum-Verteidigung 98
  Übernehmen eines Angreifers 99
  Ausrichten zum Ball 100
  Kommunikation 101
Mischformen der Verteidigung 102
Drei Grundtechniken des Verteidigers 103
  Korbwurf stören 103
  Stuffen (Blocken) 104
  Ausblocken 105

Spiel in der Transition-Offense 111
Fast-Break 111
  Outlet-Paß 111
  Mit dem Outlet-Paß beginnt der Fast-Break 112
  Ballvortrag und Abschluß des Angriffs 114
Early Offense (Secondary Break) 115
Angriff gegen Zonen-Presse 116
Angriff gegen Mann-Mann-Presse 120
Angriff gegen Mischformen der Verteidigung 121
Basketball-Begriffe 123
Sachwortverzeichnis 127

Ein Wort vorweg

Basketball ist schon eine faszinierende Sportart! Millionen von Menschen – sei es in den Sporthallen oder vor den Fernsehgeräten – vermag sie in ihren Bann zu ziehen. Du gehörst zu denen, die nicht nur zuschauen wollen, wie andere spielen, sondern aktiv sein wollen. Du möchtest selbst ein guter Basketballspieler werden. Da mußt du dich zwar ganz schön strecken, aber es ist zu schaffen.
Gute Basketballspieler werden bewundert wegen ihrer artistischen Körperbeherrschung – von der Ballbeherrschung ganz zu schweigen –, ihrer ausgezeichneten Kondition, ihrer Spielintelligenz. Und sie leben etwas vor, was heutzutage immer wichtiger wird: Sie beweisen, daß sich höchster Einsatz, Kampfgeist und Fairneß durchaus miteinander vertragen.
Irgendwie ist es beruhigend zu wissen, daß die großen Asse alle mal klein angefangen haben, anfangs den Korb gar nicht so oft getroffen haben, Schrittfehler begingen und taktisch noch unerfahren waren. Machte ja auch nichts. Das kann man schließlich alles lernen. Den Cracks sieht man nicht an, wieviel sie trainiert haben, bis sie das konnten, was sie heute zeigen.
Wer mit Leib und Seele Basketball spielt und trainiert, der möchte auch Verschiedenes in aller Ruhe nachlesen, wovon er im Training – dort aber vielleicht unter Zeitdruck – gehört hat. Der möchte vieles noch genauer wissen.
Zum Beispiel: Was kann ich tun, um endlich im Eins-gegen-eins-Spiel dem Gegenspieler überlegen zu sein?
Wie kann man eine gut stehende Ball-Raum-Deckung ausspielen?
Welche Mittel gibt es gegen eine knallharte Manndeckung?
Feststeht: Je mehr man über eine Sache weiß, desto erfolgreicher kann man sie betreiben. Und Basketball ist eine Sportart, die vom Spieler Köpfchen und ständiges Mit-

denken erfordert. Basketball-Asse wie Henning Harnisch, Detlef Schrempf, Shaquille O'Neal oder Charles Barkley, um nur einige zu nennen, wissen unglaublich viel über die Basketballtechniken und natürlich über das taktisch zweckmäßige Verhalten in bestimmten Spielsituationen. Aber auch darüber, warum im Training diese oder jene Übung, die eigentlich wenig Spaß macht, wichtig ist.

Du wirst schnell erkennen, daß sich dieses Buch in mehrfacher Hinsicht von den meisten anderen Basketballbüchern unterscheidet. Es ist zum Beispiel konsequent für den Spieler geschrieben worden. Deshalb wird man Übungsformen vergeblich suchen. Was wann geübt wird, ist schließlich Sache des Trainers.

»Basketball für Einsteiger« erhebt auch nicht den Anspruch, für die unterschiedlichsten Situationen, denen sich ein Spieler auf dem Spielfeld gegenübergestellt sehen kann, *das* jeweilige Patentrezept in Form eines Spielzuges oder Spielsystems liefern zu können. Patentrezepte kann es in einer Sportart, die eine unendliche Vielfalt von unterschiedlichen Konstellationen und Situationen hervorbringt, nicht geben.

Über den Erfolg entscheidet am Ende die Fähigkeit des Spielers, die Lösung für eine konkrete Spielsituation selbst zu finden. Deshalb halte ich es als Autor für wichtig, das Verständnis für die Prinzipien zu vermitteln, die zu beachten sind, und statt einer einfachen Lösung nach dem Motto »Wenn – dann« die verschiedenen Alternativen vor Augen zu führen.

So kann es auch nicht die Aufgabe dieses Buches sein, näher auf das komplizierte Regelwerk einzugehen. Dazu gibt es einschlägige Literatur. Erst unlängst wurde speziell für Aktive im Ullstein Taschenbuchverlag »Basketball – die erste illustrierte Regelkunde« herausgegeben.

Wenn ich im folgenden von Spielern, Trainern und Schiedsrichtern schreibe, so meine ich damit immer auch alle Spielerinnen, Trainerinnen und Schiedsrichterinnen. Selbstverständlich ist diese vereinfachende Form nicht als Diskriminierung zu verstehen. Doch nun genug der Vorrede – der rund 600 Gramm schwere Ball wartet schon!

Sascha Janzen

Spieler und Mannschaft

Was gehört zu einem guten Basketballspieler?

Die besten Basketballspieler begeistern ihre Fans mit wunderschönen Aktionen am Ball, aber auch durch ihre Spielübersicht und ihre Athletik. Was sie für das Basketballspiel an guten Voraussetzungen zum ersten Training bereits »mitbrachten«, ist ihre meist stattliche Körperhöhe, jene Spielintelligenz, die alle guten Spieler in den Mannschaftssportarten auszeichnet, überdurchschnittliche Gewandtheit und relativ gute athletische Voraussetzungen. Das allermeiste jedoch ist das Ergebnis zielstrebigen, langjährigen Trainings.

Ein guter Basketballspieler
- **ist antritts- und laufschnell** – nur so kann er sich beim Freilaufen, bei Fast-Breaks und vielen anderen Aktionen von seinem Gegner lösen,
- **ist sprungkräftig** – dadurch hat er bessere Chancen, Sprungduelle im Kampf um den Ball zu gewinnen,
- **ist wurfstark** – das gestattet ihm, weite Pässe ohne maximalen Krafteinsatz und somit locker und genau zu spielen,
- **ist ausdauernd** – anderenfalls müßte er nach anfänglichen Glanzaktionen recht bald wegen Erschöpfung ausgewechselt werden,
- **beherrscht die Basketballtechniken sicher** – auch in hohem Tempo und unter Bedrängung durch Gegenspieler,
- **verhält sich taktisch klug** – und dazu gehören solide Kenntnisse,
- **kennt die Basketballregeln** – anderenfalls würde er von einem Foul zum nächsten stolpern und der Mannschaft mehr schaden als nützen.

Ist das alles, was einen guten Spieler auszeichnet? Natürlich nicht. Ohne bestimmte **charakterliche Qualitäten**, besonders hohe Willensqualitäten, wird ein technisch, taktisch und athletisch gut ausgebildeter Spieler nur Mittelmaß darstellen. Da man bei über längere Zeit trainierenden Mannschaften ein solides Ausbildungsniveau aller Spieler voraussetzen kann, entscheiden über Sieg und Niederlage letztlich der unbedingte Siegeswille, die Bereitschaft, sich zu quälen (hohe Belastungen auf sich zu nehmen), aber auch die größere Disziplin. Eigenmächtigkeiten und unbeherrschte Fouls dagegen schaden der Mannschaft.

Haben nur Riesen eine Chance?
Basketball ist zweifellos die Sportart der langen Kerls. Dennoch wäre es unrichtig zu behaupten: je größer, desto besser. Selbst die NBA beweist, daß Spieler, die einen Viertelmeter (!) kleiner als die Langen sind, in der leistungsstärksten Basketball-Liga der Welt ihren Platz behaupten. Unter den Über-zwei-Meter-Männern sind Kevin Johnson von den Phoenix Suns und Nick Van Exel von den Los Angeles Lakers mit ihren 1,85 m die Kleinen – und doch…
Da in unteren Spielklassen, und erst recht im Nachwuchsbereich, keine NBA-Verhältnisse herrschen, reichen auch deutlich geringere Scheitelhöhen aus, um einen guten Basketball zu spielen. Zumal die weniger Langen nicht selten wendiger und schneller sind und durch gute Sprungkraft so manchem großgewachsenen Spieler Paroli bieten.

Die Ausrüstung

Auf die Spielkleidung hat der Spieler bekanntlich keinen Einfluß, deshalb lohnt es wenig, hierüber viele Worte zu verlieren. Doch andere Teile der Ausrüstung eines Basketballspielers unterliegen sehr wohl seiner Entscheidung.

Die Schuhe. Es gibt zwar die »klassischen« Basketballstiefel, doch es setzt sich bereits mehr und mehr durch, auch in flachen Basketballschuhen zu trainieren und zu spielen.
Ob Sportschuhe für den Gebrauch in der Halle qualifiziert sind, ist in erster Linie eine Frage der Sohlen. Sie müssen rutschfest sein und dürfen keine Spuren auf dem Hallenboden hinterlassen.
Da die Füße beim Basketball hoch beansprucht werden – durch Stoppen, Antreten, scharfe Richtungswechsel,

Die Ausrüstung / Die Mannschaft

viele Sprünge und die anschließende Landung –, müssen die Schuhe sowohl eine ausgeprägte stützende Funktion haben als auch gute Dämpfungseigenschaften aufweisen. Von Billigmodellen kann man solche Eigenschaften nur in recht beschränktem Maße erwarten, auch wenn sie durch ihr Design gefallen. Unbedingt zu empfehlen ist der Kauf in einem Sportschuh-Fachgeschäft, wo eine sachkundige Beratung gegeben ist.

Den idealen Schuh für jeden Fuß gibt es nicht. Da die Füße der meisten Menschen bestimmte Besonderheiten aufweisen, insbesondere in bezug auf die Funktionsweise des Fußgelenks, wirken manche Schuhe speziell der *einen* negativen Besonderheit entgegen, andere wiederum einer *anderen*. Welcher Schuh im konkreten Fall der richtige ist, das erkennt am besten der Fachmann, z. B. ein Fachverkäufer.

Der Trainingsanzug. Auch wenn in kurzen Hosen und im Trikot gespielt wird, gehört der Trainingsanzug ohne Wenn und Aber zur Ausrüstung des Basketballspielers. Er wird für die Zeit vor dem Spiel und die Phasen auf der Auswechselbank benötigt. Noch wichtiger als modisches Design sind bestimmte Trageeigenschaften. Das Material sollte schweißaufsaugend, atmungsaktiv und unkompliziert zu waschen sein.

Die Brille. Brillenträger benötigen eine spezielle Sportbrille, die auch in turbulenten Situationen nicht verloren (und dann unweigerlich in die Brüche) geht. Eine andere Möglichkeit sind Kontaktlinsen.

Zusammen sind wir stark – die Mannschaft

Eine ausreichende Anzahl von gut trainierten und auch ausgerüsteten Basketballspielern ergibt noch längst keine Mannschaft. Das zu erreichen ist eine der wesentlichsten Aufgaben des Trainers, es liegt aber auch im ureigensten Interesse eines jeden Spielers.
Erfolgreiche Mannschaften setzen sich aus exzellenten Einzelkönnern zusammen, die ihre Stärken – ohne Egoismus

Spieler und Mannschaft

Spieler zweier Mannschaften unterscheiden sich durch verschiedene Trikotfarben. Turnhose und Sportschuhe komplettieren die Ausrüstung.

— in den Dienst der Mannschaft stellen. Es ist ähnlich wie bei einem Orchester, wo jeder Musiker sein Können im wohlabgestimmten Zusammenspiel mit den anderen einbringt.

Eine gute Mannschaftsleistung setzt also das Unterordnen des einzelnen Spielers in den Mannschaftverbund voraus. Und das gilt nicht nur für das Spiel. Schließlich ergeben sich auch beim Training Probleme und Reibungspunkte, wenn mehrere Individuen miteinander zu tun bekommen.
Da aber innerhalb einer Mannschaft alle Spieler das gleiche Ziel haben, nämlich sich so in den Dienst der Mannschaft zu stellen, daß Spiele gewonnen werden können, bestehen objektiv günstige Voraussetzungen für ein mannschaftsdienliches Verhalten.

Das Training

Sieben goldene Regeln für das Basketballtraining

Ein erfolgversprechender, reibungsloser Ablauf des Trainingsbetriebs setzt voraus, daß sich die Spieler an bestimmte Verhaltensregeln halten.

1. Pünktlichkeit ist Ehrensache

Wenn die Mannschaft zum vereinbarten Trainingsbeginn nicht komplett ist, sind auch diejenigen, die pünktlich waren, benachteiligt: Entweder verzögert sich der Beginn des Trainings, und wertvolle Trainingszeit wird einfach verschenkt, oder die Qualität des Trainings leidet:

- Wichtige Erklärungen erreichen ja nur einen Teil der Spieler.
- Die Zuspätkommer sind, wenn sie ins laufende Training »hineinspringen«, nur unzureichend (oder gar nicht) erwärmt.
- Neue Spielzüge können gar nicht eingeführt werden, solange einige Akteure fehlen.

So viel steht fest: Die Gegner, die mit ihrer Trainingszeit klüger umgehen, können sich die Hände reiben. Und außerdem ist Wartenlassen ganz einfach unkameradschaftlich.

2. Trainingszeit ist kostbar.

Für die Leistungsverbesserung macht es viel aus, ob der eine Spieler durchschnittlich 50 Prozent öfter einen schwierigen Wurf übt, bestimmte Verhaltensweisen bei Spielzügen festigt oder aber mehr Sprints mit dem Ball ausführt als ein anderer. Nicht umsonst trainieren die hochklassigen Spieler viel mehr als die weniger leistungsstarken. Ihre spielerische Klasse ist schließlich in hohem Maße ein Ergebnis der investierten Trainingszeit. Wer im Training allerdings viel herumsteht oder -sitzt, schwatzt und überhaupt nur mit halbem Einsatz trainiert, wird bestenfalls Mittelmaß erreichen.

3. Wer nicht zum Training kommen kann, informiert den Trainer rechtzeitig.
Das ist nicht nur eine Frage der Höflichkeit, sondern ganz einfach notwendig für die Trainingsplanung. Nur so kann der Trainer den Überblick behalten und die Trainingsinhalte auf die tatsächlich erscheinenden Spieler ausrichten.

4. Basketballschuhe sind keine Straßenschuhe – und umgekehrt.
Wer legt sich bei der Gymnastik schon gern in eine Staubschicht? Wohl niemand. Es gibt einen ganz einfachen Weg, die Halle vor dem Verschmutzen zu bewahren: die Halle nicht mit Schuhen betreten – auch wenn sie wie Sportschuhe aussehen –, die man auf der Straße trägt.

5. Seid nett zu den Geräten, die ihr zum Training braucht!
Ein Basketball, den man mit Füßen tritt, lebt kürzer. Also: Füße weg vom Ball!

6. Keine Eigenmächtigkeiten im Training!
Gewiß, Schaukelringe, Sprossenwände, Barren u. dgl. m. braucht man kaum im Basketballtraining, doch an ihnen herumzuturnen reizt manchen kolossal. Hundertmal geht's gut, beim hundertunderstenmal ist es vorbei mit der Glückssträhne. Unfälle beim »Turnen« an den Ringen können tragisch enden.
Und deshalb ist es verboten.

7. Basketballtraining ist schweißtreibend. Deshalb: nach dem Training unter die Dusche!
Man kann es aber auch sein lassen – dann stinkt sich's besser.

Erwärmung

Dem Trainer über die Schulter geschaut

(Was ein Spieler vom Basketballtraining wissen sollte)

Längst hat es sich herausgestellt, daß es nicht genügt, lediglich viel Basketball zu spielen, um ein wirklich guter Basketballspieler zu werden. Daß zum Beispiel das Erklären dabei entschieden zu kurz käme, ist leicht einzusehen. Daß ein systematisches Vorgehen vom Leichten zum Schweren beim Spielen nicht möglich ist, leuchtet ebenfalls ein. Daß ein systematisches Wurftraining zu besseren Leistungen führt als beispielsweise die zufälligen Korbwürfe in einem Spiel, kann man sich zumindest vorstellen.

Diese drei Beispiele ließen sich um unzählige weitere ergänzen. Allen ist zumindest eines gemeinsam: Das sportliche Training, und damit auch das Basketballtraining, ist aus der Phase des naiven Probierens, des konzeptionslosen Drauflosübens, längst heraus. Das Vorgehen des Trainers gründet sich auf wissenschaftliche Erkenntnisse. Meinungsverschiedenheiten hierzu sollten nicht während des Trainings ausgetragen werden, sondern – wenn es denn sein muß – davor oder danach. Die knapp bemessene Trainingszeit bleibt dem eigentlichen Trainieren vorbehalten.

> Wie eine Trainingseinheit, eine längere Trainingsperiode und schließlich ein Trainingsjahr aufgebaut sind, ist Sache des Trainers. Er verfügt über das erforderliche Fachwissen.

Immer diese Erwärmung – muß denn das sein?

Daß auch die Asse, die wahrlich keine Zeit zu verschenken haben, auf die gründliche Erwärmung nicht verzichten, sollte einem zumindest zu denken geben. Es ist inzwischen vielfach bewiesen, daß der Organismus eine gewisse Anlaufzeit braucht, um aus dem Alltags-Schongang in den Zustand hoher Leistungsbereitschaft zu gelangen. Das A und O besteht darin, die Durchblutung der verschiedensten Organsysteme – und damit ihre Versorung mit Sauerstoff – zu verbessern. Das erreicht man durch mäßig belastende ganzkörperliche Bewegungen. Geradezu ideal hierfür ist langsames bis zügiges Laufen, verbunden mit sportartgerechten Zusatzaufgaben, zum Beispiel Dribbeln, Drehungen, Sprüngen u. a. Wenn nach mindestens zehnminütiger Erwärmung der Puls deutlich schneller schlägt, ohne jedoch zu rasen (ca. 110 Schläge pro Minute), ist die Durchblutung der Muskulatur schon deutlich verbessert.

Das systematische Dehnen und Geschmeidigmachen der Muskeln, die zur Verkürzung neigen, ist ebenfalls Bestandteil der Erwärmung. Eine besonders effektive Methode dafür ist das **Stretching**. Es erweitert nicht nur die Bewegungsmöglichkeiten in den Gelenken und führt zu besseren Leistungen, sondern verringert auch die Verletzungsanfälligkeit der Muskeln.

Das sind die wichtigsten Wirkungen einer zweckmäßigen Erwärmung:
- Die Reaktionszeiten sind verkürzt.
- Die Muskulatur ist zu besseren Schnelligkeits- und Kraftleistungen fähig.
- Die Muskeln ermüden nicht mehr so schnell, die Ausdauer ist also verbessert.
- Die Muskeln sind deutlich weniger verletzungsanfällig.

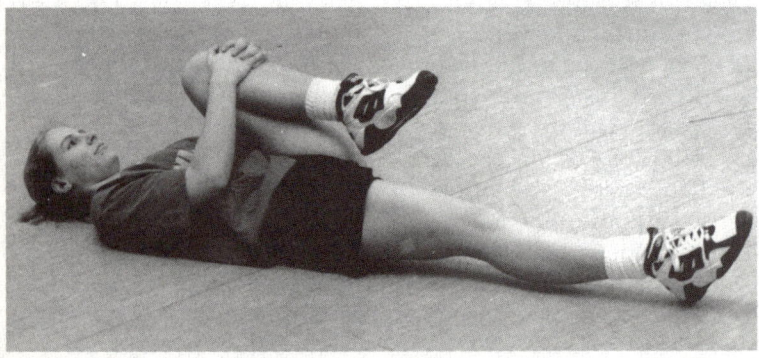

Dehnübung für die Rückseite des Oberschenkels

Stretching 17

Dehnübung für die Innenseite des Oberschenkels

◀ *Dehnübung für die Außenseite des Oberschenkels*

Dehnübung für die Vorderseite des Oberschenkels

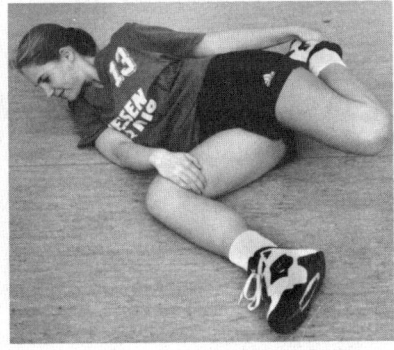

Ist die Reihenfolge der Aufgaben in einer Trainingseinheit zufällig?

In vielen Fällen ist es keinesfalls egal, ob man eine bestimmte Anforderung **vor** einer anderen oder **danach** absolviert. Nehmen wir zum Beispiel das Einüben eines neuen technischen Elements oder einer neuen taktischen Variante. Hier gilt das Prinzip: Wer lernen will, muß geistig frisch sein (und das setzt körperliche Frische voraus). Deshalb wird man solche Lerneinheiten nicht nach einem belastenden Konditionstraining oder einem anstrengenden Trainingsspiel einplanen. Schließlich ist die Erkenntnis nicht aufgehoben: **Basketballspielen lernt man nicht ohne Basketballspielen.** So wertvoll das isolierte Üben von Elementen des Basketballspiels ist, das situationsgerechte Verhalten lernt man nur im Spiel. Und da das intensive Spiel hoch belastend ist, wird es normalerweise gegen Ende der Trainingseinheit seinen Platz haben, dann allerdings oft als Spiel mit bestimmten Sonderregelungen, die den Trainingswert dieses Übungsspiels gezielt erhöhen.

Kann man die Erholung beschleunigen?

Ja, man kann. Die entscheidende Aufgabe besteht darin, den Abtransport der im Ergebnis anstrengender Muskelarbeit angestauten »Ermüdungsstoffe« (saurer Stoffwechselprodukte) aus dem Muskel zu beschleunigen. Dazu muß die Durchblutung des Muskels verstärkt werden, ohne daß belastende Muskelarbeit geleistet wird. So werden die unliebsamen, die Muskelarbeit erschwerenden sauren Stoffwechselprodukte gleichsam herausgespült. Nach einer belastenden Trainingseinheit ist das entmüdende Cool-down (im Gegensatz zum Warm-up = Erwärmen) eine Wohltat. Dazu gehören auch Stretching-Übungen, die die von den vielen Kontraktionen oft etwas verkürzten Muskeln wieder »entzerren«, also dehnen.

Tips
● Nutze die Trainingszeit intensiv, und übe konzentriert! Welchen Beitrag zur Leistungsverbesserung das Training leistet, hängt letztlich von jedem selbst ab.

● Führe alle Übungen so wettkampfnah wie nur möglich aus. Stelle dir zum Beispiel bei Offensebewegungen ohne Verteidiger einen aufmerksamen, cleveren Gegenspieler vor, sonst automatisierst du im Training einen viel zu harmlosen Bewegungsablauf, der dir, wenn es darauf ankommt, gar nicht hilft, die betreffende Spielsituation zu lösen.

Wann zahlt sich das aus, was wir im Training machen?

Um diese interessante Frage annähernd vollständig zu beantworten, müßte man ein Buch nur darüber schreiben. Wir wollen es hier mit einigen Beispielen bewenden lassen.

Beispiel Kondition

Unter Kondition verstehen viele fälschlicherweise nur die Ausdauer. Aber das ist nicht einmal die halbe Wahrheit. Kondition ist nämlich der Sammelbegriff für die konditionellen Fähigkeiten, und darunter versteht man Kraft, Ausdauer und Schnelligkeit. Das »Geheimnis« der Leistungsverbesserung bei den konditionellen Fähigkeiten besteht im Prinzip darin, daß man den Organismus durch über das Übliche hinausgehende Belastungen dazu zwingt, sich an die neue Situation (die ungewohnte Belastung) anzupassen.
Dabei lassen sich mehrere Phasen unterscheiden:

Phase der Belastung.
(Beispiel: viele Sprints von einer Grundlinie zur anderen)

Im Ergebnis der Verausgabung von Energie kommt es zum Leistungsabfall, zur Ermüdung.

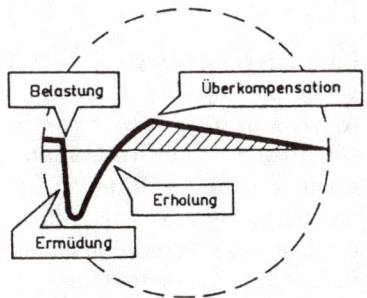

Verlaufskurve der Leistungsfähigkeit nach einer Trainingsbelastung (Zyklus der Superkompensation)

Phase der verminderten Leistungsfähigkeit
Die Verausgabung von Muskelenergie und auch nervlicher Energie sowie die Anreicherung von sauren Stoffwechselprodukten im Muskel läßt für eine gewissen Zeit nicht die gewohnten Leistungen zu. Dieser Zustand stellt eine Herausforderung für den Organismus dar, denn er ist auf Erhalt der normalen Leistungsfähigkeit »programmiert«. Anpassungsmechanismen werden in Gang gesetzt, die zum Auffüllen der verbrauchten Energiereserven im Muskel führen (Kompensation) und darüber hinaus die Arbeitsweise der an der Leistung beteiligten Systeme verbessern. Dabei wird nicht nur der alte Zustand wiederhergestellt.

Phase der Leistungsverbesserung
(Superkompensation)
Die Anwortreaktion des »herausgeforderten« Organismus ist überschießend. Er ist nun in der Lage, die unter »Phase der Belastung« gesetzte Belastung nicht nur erneut, sondern sogar besser zu verarbeiten, eine (etwas) bessere Leistung hervorzubringen. Werden in dieser Phase erhöhter Leistungsfähigkeit erneut optimal hohe Belastungsreize (keine Unterforderung und keine Überforderung) gesetzt, reagiert der Organismus wieder mit *Ermüdung* (und Leistungsabfall), dann *Kompensation* und schließlich *Superkompensation*.

Um auf die eingangs gestellte Frage zurückzukommen: Das Konditionstraining zahlt sich bereits ein wenig aus, *wenn die Belastung verarbeitet wurde*. Die Erfahrungen mit einem »Muskelkater« veranschaulichen gut, mit welchen Zeiträumen der Sportler dabei zu rechnen hat.
Da die konditionellen Fähigkeiten nur in vielen kleinen Schritten auf ein höheres Niveau gehoben werden können, müssen wir über eine einzelne Trainingseinheit realistisch sagen: **Einmal ist** (fast) **keinmal.**

Über eine weitere Gesetzmäßigkeit der Vervollkommnung von konditionellen Fähigkeiten sollte sich jeder Sportler im klaren sein:
Kondition ist nicht speicherbar. Mit dieser stark verkürzten, aber doch sehr einprägsa-

Kleine Trainingslehre

men Aussage ist gemeint: Das durch Training erworbene höhere Niveau bei konditionellen Fähigkeiten bleibt nicht erhalten, wenn nicht regelmäßige Trainingsreize dafür sorgen. Deshalb achtet der Trainer bei der Trainingsplanung darauf, daß durch ausreichend hohe Belastungsreize in jeder Trainingseinheit das konditionelle Niveau nicht abfällt, auch wenn andere Schwerpunkte im Mittelpunkt stehen.

> Konditionstraining ist wie Rudern gegen die Strömung – wenn man aufhört, treibt man zurück.

Beispiel Technikschulung

Der Basketballspieler muß eine Reihe von recht komplizierten Bewegungsabläufen beherrschen. Das Erlernen, Vervollkommnen und Stabilisieren ist ein langwieriger Prozeß und nimmt deshalb einen beträchtlichen Teil der Trainingszeit in Anspruch. Dabei sind die Gesetzmäßigkeiten des motorischen Lernens (Bewegungslernens) zu beachten.

Das sollte ein Spieler vom motorischen Lernen wissen

● Motorisches Lernen beruht in hohem Maße auf praktischem Üben, also dem Wiederholen des zu erlernenden Bewegungsablaufes. Wer es bei wenigen Wiederholungen beläßt, hat schlechte Voraussetzungen, um einen schwierigen Bewegungsablauf gut und dauerhaft zu erlernen.

● Nach anfänglichen Fortschritten beim Erlernen eines Bewegungsablaufs stellt sich meist eine Phase der Stagnation ein: Obwohl der Sportler fleißig übt, sind keine Fortschritte erkennbar – eine Situation, in der manche die Geduld verlieren und die Flinte ins Korn werfen. Aber: Diese Stagnationsphase ist etwas Normales und geht nach einer bestimmten Zeit zu Ende.

● Komplizierte, schwierige Bewegungsabläufe kann man nicht (oder nur mit unvertretbar großem Aufwand) »auf Anhieb« erlernen. Viel besser geht es meist nach dem Prinzip »Vom Leichten zum Schweren«. Vorübungen, die mit dem Ziel unserer Bemühungen oftmals gar nichts zu tun zu haben scheinen, sorgen dafür, daß der Schritt vom bereits Gekonnten zum noch zu Erlernenden nicht zu groß ist. Dieses Herantasten an das eigentliche Ziel – zum Beispiel einen anspruchsvollen Wurf – kann sich über große Zeiträume hinziehen, manchmal sogar über Jahre, da ja für das Gelingen eines sportlichen Bewegungsablaufs außer den erforderlichen Bewegungserfahrungen auch das notwendige Maß an Kraft, Schnelligkeit oder anderen konditionellen bzw. koordinativen Fähigkeiten gegeben sein muß.

So manche Übung im Training hat den Charakter einer Zwischenstation auf dem Weg zum eigentlichen Ziel.

- Lernprozesse erfordern günstige Lernbedingungen:
  – geistige (und körperliche) Frische,
  – Vermeiden von ablenkenden Faktoren (Lärm, Trubel, Gespräche),
  – die innere Bereitschaft zum Lernen, also Konzentration auf die Aufgabe.
- Die Techniken des Basketballspiels müssen einerseits hochgradig gefestigt (»traumhaft sichere« Ausführung), andererseits variabel verfügbar sein, denn die Bedingungen, unter denen der Spieler handelt, sind nie ganz gleich. Eine Ausnahme ist der Freiwurf. Deshalb ist es ganz wichtig, daß der Basketballspieler keine stereotypen Bewegungsabläufe einübt, sondern sich mit immer anderen Bedingungen auseinandersetzt. Und dazu gehört unbedingt auch die Präsenz eines engagierten, gutausgebildeten Gegners.

Beispiel Taktik

Auch hier geht es um Lernprozesse, bei denen das Prinzip »Vom Leichten zum Schweren« beachtet werden muß. Wenn dann der Spieler sein »Handwerkszeug«, die möglichen gruppentaktischen und mannschaftstaktischen Verfahren, sicher beherrscht, besteht die Schwierigkeit immer noch darin, sie situationsgerecht einzusetzen. Erste Bedingung dafür ist ein solides taktisches Wissen. Die zweite Bedingung sind reiche, in zahlreichen Übungsspielen wie auch Punktspielen erworbene Erfahrungen. Viele sogenannte Kleine Spiele, mit denen der Trainer, scheinbar ohne tiefere Absicht, das Training auflockert, dienen eben diesem Ziel.

Was ist mit Perioden im Verlauf eines Trainingsjahres gemeint?

Der Inhalt einer Trainingseinheit ist nichts Zufälliges. Vielmehr verfolgt der Trainer ganz bestimmte Absichten, die sich aus den Aufgaben ableiten, die er als wichtig erkannt hat. Solch eine Aufgabe, die viele Trainingseinheiten miteinander verbinden kann, ist zum Beispiel, die Spieler nach den Sommerferien wieder konditionell auf die Wettkampfsaison vorzubereiten, ihre Sprungkraft, Antrittsschnelligkeit, Wurfkraft und Ausdauer weiter zu verbessern, so daß sie den Spielern der gegnerischen Mannschaft darin möglichst überlegen sind.
Im Verlauf eines Trainingsjahres stehen unterschiedliche Aufgaben im Vordergrund. Dementsprechend lassen sich auch deutliche Unterschiede hinsichtlich der Trainingsinhalte, der bevorzugten Methoden und der Belastungsgestaltung erkennen. Es werden im allgemeinen drei große Perioden im Trainingsjahr unterschieden:

Vorbereitungsperiode. Das Ziel besteht darin, die konditionellen, technischen und taktischen Grundlagen für das Bewältigen hoher Belastungen in der Wettkampfperiode zu legen. Hier werden künftige Leistungsverbesserungen vorbereitet, auch wenn der unmittelbare Zusammenhang zur besseren Leistung im Spiel oft nicht gleich erkennbar ist. Neue Techniken können jetzt noch in Ruhe erlernt und vervollkommnet werden. Und tragende Elemente der Mannschaftstaktik werden in diesen Wochen eingeübt.

Wettkampfperiode. Dank der guten konditionellen und allgemeinen koordinativen Grundlage (auch ein Ergebnis der Vorbereitungsperiode) kann in dieser Zeit intensiv trainiert werden. Bestimmte Schwächen einzelner Spieler, aber auch der Mannschaft werden gezielt beseitigt, und auf bevorstehende Spiele kann man sich in Kenntnis der Eigenheiten des Gegners vorbereiten.
Dabei darf die Aufrechterhaltung, möglichst sogar Anhebung des konditionellen Niveaus nicht vernachlässigt werden. Die technischen Fertigkeiten der Spieler werden systematisch gepflegt.

Übergangsperiode. Zwischen dem Abschluß der Wettkampfperiode und der Vorbereitungsperiode hat das Training ein ganz besonderes, unverwechselbares Gesicht. Jetzt wird auf den Spaß am Sporttreiben betont Wert gelegt. Typisch ist, daß andere Sportarten verstärkt zu ihrem Recht kommen und die Belastung nicht sehr hoch ist. Es ist ja auch die Zeit der Sommerferien, in der die Mannschaft nie komplett ist. Ein wichtiges Ziel des Trainings in der Übergangsperiode besteht darin, keine totale Sportpause zuzulassen, nach der man im Training nahezu wieder am Punkt Null, bezogen auf die Kondition, aber auch auf das technische Können, beginnen müßte. Vor Beginn der Vorbereitungsperiode ist auch die beste Zeit, um Verletzungen richtig auszukurieren.

Rund um das Basketballspiel

Die Spielklassen im DBB

Basketballtraining macht an sich schon Spaß, aber das Salz in der Suppe des Sporttreibens sind nun mal die Wettkämpfe. Das Wettkampfsystem des Deutschen Basketball Bundes (DBB) sichert, daß im Kampf um Punkte, die über Aufstieg oder Abstieg oder auch Verbleib in der jeweiligen Spielklasse entscheiden, relativ gleichstarke Mannschaften aufeinandertreffen.
Die Organisation des Spielbetriebs für Basketballmannschaften, die einem Verein angehören, liegt in der Kompetenz des jeweiligen Landesverbandes. Die sechzehn Landesverbände sind im DBB organisiert, der Sportorganisation für den Basketballsport auf Vereinsbasis. Er gehört dem Weltverband für Basketball, der FIBA, an.

Bundesliga

Für die leistungsstärksten Mannschaften bei den Damen und bei den Herren hat der DBB den Spielbetrieb in der Bundesliga organisiert. Sie unterteilt sich in die Erste Bundesliga und die Zweite Bundesliga.
Die Erste Bundesliga umfaßt sowohl bei den Damen als auch bei den Herren jeweils zwölf Mannschaften. Aus dem Kreis dieser Mannschaften werden die beiden Deutschen Meister ermittelt.
Während die Damenbundesliga nicht unterteilt ist, gliedert sich die Erste Herrenbundesliga in eine Nord- und eine Südgruppe, wobei die Mannschaften sowohl innerhalb dieser Gruppe als auch gruppenübergreifend gegeneinander spielen.
Die Zweite Bundesliga ist sowohl für den männlichen als auch für den weiblichen Bereich zweigeteilt – in eine Zweite Bundesliga Nord und eine Zweite Bundesliga Süd.

Die Spielklassen im DBB

Spielklasse	Untergliederung	Territorium
Bundesliga		BR Deutschland
1. Bundesliga		
– Damen	–	
– Herren	Nordgruppe u. Südgruppe	Nordhälfte der BRD Südhälfte der BRD
2. Bundesliga		
– Damen	Bundesliga Nord u.	Nordhälfte der BRD
– Herren	Bundesliga Süd	Südhälfte der BRD
Regionalliga	1. Regionalliga	Region (mehrere
– Damen	u. bei Bedarf	Bundesländer
– Herren	2. Regionalliga	sind zu einer Region zusammengefaßt)
Oberliga		Bundesland
Landesliga		Bundesland
Bezirksliga		mehrere Kreise, zu einem »Bezirk« zusammengefaßt
Kreisliga		Kreis

Regionalligen

Unterhalb der Bundesliga findet der Spielbetrieb in den jeweiligen Regionalligen statt, deren Geltungsbereich das Territorium jeweils mehrerer zu einer »Region« zusammengefaßter Bundesländer ist. Die zuständigen Landesverbände richten je nach der Anzahl der teilnehmenden Mannschaften eine Regionalliga oder zwei Ligen ein. Von diesen ersten Regionalligen gibt es in Deutschland vier. Auch die Anzahl der zweiten Regionalligen ist abhängig von der Anzahl der dafür qualifizierten Mannschaften.

Oberliga · Landesliga · Bezirksliga · Kreisliga

Unterhalb der Regionalliga ist der jeweilige Landesverband für den Spielbetrieb verantwortlich. Er richtet als höchste landesverbandsinterne Spielklasse die **Oberliga** aus. Zwischen der **Landesliga** als der nächsttieferen Spielklasse und der **Kreisliga** als der untersten Leistungsebene ist die **Bezirksliga** angesiedelt. Diese vier Ligen auf Landesverbandsebene können in mehrere parallel zueinander angeordnete Staffeln unterteilt sein.

Der beschwerliche Weg nach oben

Mannschaften, die erstmals am Spielbetrieb teilnehmen, werden – auch wenn die Spieler meinen, daß sie durchaus in der Bundesliga spielen könnten – für die unterste Spielklasse gesetzt. Im Verlauf einer Spielsaison können sie sich für die nächsthöhere Spielklasse qualifizieren und dann aufsteigen.
Um die Anzahl der teilnehmenden Mannschaften innerhalb einer Spielklasse nicht ins Unendliche anwachsen zu lassen, ermittelt jede Spielklasse eine entsprechende Anzahl von Absteigern.

Die Jugendwettbewerbe

Sie sind innerhalb der Landesverbände organisiert und für Mädchen und Jungen in folgende Altersklassen unterteilt: A-, B-, C- und D-Jugend, wobei jeweils zwei Jahrgänge innerhalb einer Altersklasse zusammengefaßt sind.

Altersklassen im DBB	
Altersbereich – Alter in Jahren	
Senioren	ab 18
Jugend	
A-Jugend	16 bis 18
B-Jugend	14 bis 16
C-Jugend	12 bis 14
D-Jugend	10 bis 12
Minis	bis 10

Die Jüngsten spielen unterhalb der D-Jugend in einer eigenen Mini-Spielrunde. Während die Minis nicht nach Leistungsklassen unterteilt sind, gibt es in der D-Jugend schon Anfänger- und Fortgeschrittenenrunden.
Beginnend mit der C-Jugend werden bis zur A-Jugend, bei entsprechender Anzahl von gemeldeten Mannschaften, in Form eines Qualifikationsturniers die Teilnehmer der Leistungsklasse ausgespielt, die unter sich den entsprechenden Landesmeister ermitteln. Die übrigen Mannschaften spielen in einer offenen Runde gegen gleichstarke Mannschaften.
Somit werden in der A-, B- und C-Jugend pro Landesverband jeweils ein weiblicher und ein männlicher Landesmeister ermittelt. Er vertritt das entsprechende Bundesland im Vergleich mit den Meistern der anderen Bundesländer im Kampf um den Titel des Deutschen Meisters in der betreffenden Jugendklasse.
Neben dem Rundenspielbetrieb richten sowohl der DBB als auch – für die niederklassigen Ligen – die Landesverbände eine eigene **Pokalrunde** aus, in der im K.-o.-System die jeweiligen Pokalsieger der Landesverbände sowie der Deutsche Pokalsieger ermittelt werden. Auch der deutsche Pokalsieger spielt in der darauffolgenden Spielzeit als Deutschlandrepräsentant in einer der internationalen Runden mit.

Basketball hat viele Gesichter

Wenn eine Sportart in verschiedenen Varianten betrieben wird – hauptsächlich in der Absicht, beschränkende Gegebenheiten zu überwinden –, dann zeugt das von ihrer großen Popularität, von ihrer Lebenskraft.

Mixed-Basketball

Besonders im Bereich des Freizeitsports ist es nicht einzusehen, warum Frauen und Männer, Mädchen und Jungen, die ihre Freizeit gemeinsam beim Basketballspielen verbringen möchten, dies nicht tun dürfen, nur weil im offiziellen Wettkampfsport reine Frauen- bzw. Männermannschaften gefordert werden. So entstand das Mixed-Basketball, bei dem Frauen und Männer gemischte Mannschaften bilden. Um den körperlichen Vorteil der meisten Männer gegenüber ihren Gegen- und Mitspielerinnen wettzumachen, haben sich **zusätzliche Spielregeln** eingebürgert.

Beispiele:
1. Eine Mixed-Mannschaft muß immer mindestens zwei Frauen auf dem Feld haben.
2. Jeder von einer Frau erzielte Feldkorb zählt einen Punkt mehr – also drei oder vier Punkte.
3. Das Stuffen eines Korbwurfes einer Frau durch einen männlichen Gegenspieler gilt als Foul.

Diese Erweiterungen der Regeln sind allerdings nicht festgeschrieben, was glücklicherweise bei den meisten Mixed-Spielen auch nicht nötig ist, da diese Spielrunden lediglich innerhalb der Landesverbände organisiert sind. Es werden also keine Deutschen Meisterschaften ausgetragen. Damit ist dem Wettkampfcharakter die Schärfe genommen, und es bleibt viel Raum für den Spaß am Basketballspielen.

Rollstuhl-Basketball

Mehrere Millionen Menschen in unserem Land müssen mit einer körperlichen Behinderung leben. Das bedeutet nicht selten Verzicht auf so manches Angenehme und Nützliche, zum Beispiel sportliche Betätigung. Körperlich Behinderte brauchen den Sport jedoch mindestens so nötig wie Nichtbehinderte. Wahrscheinlich nötiger.

Auch Rollstuhl-Basketball wird 5 gegen 5 gespielt. Und ähnlich wie beim Mixed-Basketball gibt es erweiterte Regeln. Sie berücksichtigen die Gegebenheiten der Fortbewegung im Rollstuhl. Und mit ihnen wird auch versucht, den unterschiedlichen Graden der Behinderung der Spieler gerecht zu werden. So lassen sich etwaige körperliche Bevorteilungen oder Benachteiligungen einigermaßen ausgleichen. Zu diesem Zweck werden alle Teilnehmer nach dem Grad ihrer Behinderung klassifiziert und erhalten im Ergebnis einen Punktwert zwischen 0,5 und 4,5. Einer geringeren körperlichen Behinderung entspricht ein relativ hoher Punktwert.

Während des Spiels darf jede Mannschaft nur Spieler auf dem Feld haben, deren Summe an Schadenspunkten die Zahl 14 nicht übersteigt. Durch dieses Punktsystem ist der Rollstuhl-Basketball auch allen Nichtbehinderten offen, zum Beispiel den Freunden, Bekannten und Familienangehörigen, da die sogenannten Fußgänger – mit 4,5 Schadenspunkten – ebenfalls starten können.

Es zeigt sich meist, daß sie trotz körperlicher Überlegenheit, z. B. besserer Rumpfstabilität, beträchtliche Probleme mit der Handhabung der Rollstühle haben, die übrigens speziell für den Rollstuhl-Basketball konstruiert sind.

Die Abmessungen des Spielfeldes und auch die Höhe des Korbes sind unverändert, lediglich in bezug auf die Basketballregeln gibt es abweichende Festlegungen. Sie betreffen die Regeln zum Dribbling und die damit zusammenhängenden Bestimmungen zu den Schrittfehlern und zum Doppeldribbling. Das weiteren gibt es Sonderregelungen in bezug auf technische Verstöße, die mit dem Sportgerät und dem Umgang mit den Rollstühlen zusammenhängen.

Mini-Basketball

Die Minis haben ein eigenes Regelwerk. So wird mit einem kleineren Ball und in vier Vierteln gespielt. Auf viele technisch anspruchsvolle Regeln hat man verzichtet, um den Spaß am Sport nicht durch eine Fülle von Einschränkungen zu mindern, die jeglichen Spielfluß zerstören würden. Die D-Jugendlichen spielen dann schon nach den offiziellen Basketballregeln, allerdings immer noch mit dem kleineren Ball, da auch für sie der Korb in gleicher Höhe hängt wie bei allen anderen, nämlich bei 3,05 m.

Streetball

Diese abgewandelte Form des Basketballs ist innerhalb der letzten drei Jahre in Deutschland sehr populär geworden. Gespielt wird 3 gegen 3, aber auf nur einen Korb und dies meistens nicht in der Halle, sondern auf Schulhöfen, Freiplätzen oder Hinterhöfen. Auch beim Streetball steht der Spaß am Basketball im Vordergrund. Es gibt kein Training, keinen Trainer oder Coach, keinen Schiedsrichter, sondern nur das Spiel 3 gegen 3. Streetball wird heute in einigen Statistiken schon als eigene Sportart geführt, wobei man aber wissen sollte, daß etwa die Hälfte aller Streetballer in einem Basketballverein organisiert sind und vom klassischen Basketball kommen bzw. es auch weiterhin betreiben. Denn die Basketballsaison beginnt im Herbst und reicht bis in den Frühsommer des folgenden Jahres, während Streetball als reine Sommersportart ideal zum Füllen der Sommerpause genutzt werden kann.

Beach-Basketball

Es spielen ebenfalls 3 Spieler gegen 3 andere, allerdings auf zwei Körbe. Das Feld ist in seinen Abmessungen kleiner. Bedingt durch die Tatsache, daß an Stränden im Sand gespielt wird, kann leider nicht gedribbelt werden, womit der Ballvortrag ausschließlich durch Passen geschehen muß. Dieses Manko verfälscht den Charakter der Sportart doch schon erheblich, so daß diese Abwandlung nicht mehr allzuviel mit Basketball zu tun hat.

Die Schiedsrichter

Basketball ist ein sehr schnelles Spiel, bei dem außerdem das Fairplay eine besondere Rolle spielt. Um die Einhaltung der Regeln mit einem Höchstmaß an Zuverlässigkeit zu überwachen und um den sportlichen Sieger gerecht zu ermitteln, wird ein Spiel von zwei Schiedsrichtern geleitet. Sie sind die höchste anwesende Autorität, und ihre Entscheidungen müssen von allen Beteiligten akzeptiert werden. Wegen der Kompliziertheit des Regelwerks empfiehlt es sich für jeden Spieler, sich mit den Regeln unter fachkundiger Anleitung vertraut zu machen.

Tip: Ein Spieler sollte die Schiedsrichterlizenz erwerben. Es gibt wohl keine bessere Methode, um »regelfest« zu werden – eine entscheidende Voraussetzung, um ein guter Basketballspieler zu werden und um über die neuesten Regelinterpretationen und -auslegungen auf dem laufenden zu sein.

Der Ballbesitz – er »polt« das Spiel »um«

Zwei grundlegend unterschiedliche Spielsituationen drücken allen Aktivitäten einer Mannschaft, und damit den Handlungen der einzelnen Spieler, ihren Stempel auf:

1. Die Mannschaft befindet sich im Ballbesitz, sie spielt **Offense**,
oder
2. die Mannschaft hat den Ballbesitz eingebüßt, sie spielt **Defense**.

Wenn im folgenden erklärt wird, was ein junger Basketballspieler von der Technik und Taktik des Basketballspiels wissen sollte, dann geschieht das in bewußter Anlehnung an einen möglichen, durchaus **typischen Verlauf eines Spiels**: Eine der beiden Mannschaften hat den Vorteil des Ballbesitzes, greift also an. Dieser Angriff endet spätestens nach 30 Sekunden mit dem Wechsel des Ballbesitzes – sei es nach dem erfolgreichen Korbwurf, sei es durch einen verlorenen Rebound, ein vom Gegner abgefangenes Zuspiel oder einfach durch Ablauf der 30-Sekunden-Periode – und die gleiche Mannschaft ist nun zur Verteidigung gezwungen.

Immer wieder kommt es beim Spiel in der Defense vor, daß überraschend der Ball erkämpft wird. Für das sich unmittelbar anschließende Angriffsspiel bestehen dann kurzzeitig Bedingungen, die sich von denen im Set-Play (s. S. 35 ff.) grundlegend unterscheiden. Deshalb wollen wir diesen spezifischen Fall des Spiels in der Offense **Transition** nennen – im Gegensatz zum **Set-Play**.

Der unerhört schnelle Wechsel zwischen Offense- und Defensespiel ist ein wesentlicher Grund dafür, daß jeder Spieler Angriffsspieler und Abwehrspieler in einer Person sein muß. Die aus einigen anderen Mannschaftsspielsportarten bekannte »Arbeitsteilung« zwischen den Mannschaftsteilen Abwehr und Angriff gibt es im Basketball nicht.

Offense – das Spiel im Set-Play

Die Mannschaft, die im Ballbesitz ist – zu Beginn der Spielzeit entscheidet der Sprungball darüber –, kann angreifen und Punkte durch erfolgreiche Korbwürfe erzielen. Der Umstand, daß eine Mannschaft im Ballbesitz ist und angreift, bestimmt ganz entscheidend das Repertoire der eingesetzten Techniken und die Spieltaktik.

Grundstellung Offense

Spielsituation. Ein Spieler der angreifenden Mannschaft hat den Ball zugespielt bekommen und muß sich entscheiden, wie er das Spiel fortsetzt. Er kann grundsätzlich drei Dinge tun: Er kann
- auf den Korb werfen
- passen oder
- dribbeln.

Mit diesen drei Möglichkeiten muß auch sein Gegenspieler rechnen.
Der Ballbesitzer nimmt eine Haltung ein, die all diese Möglichkeiten offenhält – die sogenannte SPD-Stellung (**S**chießen – **P**assen – **D**ribbeln) oder Grundstellung Offense. So ist er für einen Verteidiger sehr schwer zu bewachen.

> Der Angreifer sollte nach dem Erhalt des Balles prinzipiell zunächst die Grundstellung Offense einnehmen, auch wenn er schon weiß, daß er – um ein Beispiel zu nennen – nur passen wird.

Wegen der Vielzahl der möglichen Folgehandlungen, für die sich der Angreifer entscheiden kann und mit denen der Verteidiger rechnen muß, macht der Ballbesitzer ihm mit der SPD-Stellung das Leben so

> **Merkmale der Grundstellung Offense**
> - Beine leicht gegrätscht, Füße etwa schulterbreit auseinander,
> - Knie leicht gebeugt,
> - Spieler zum Korb ausgerichtet,
> - Spieler strahlt Gefahr für den gegnerischen Korb aus.

schwer wie möglich. So geht – unabhängig davon, was er wirklich vorhat – Gefahr von ihm aus, und mindestens ein Verteidiger muß sich um diesen Angreifer kümmern.

... werfen

... passen

... dribbeln.

SPD-Stellung. Aus ihr kann der Spieler...

Set-Play

Set-Play nennt man jede Art des Angriffs 5 gegen 5. Beim Set-Play ist von folgender **Situation** auszugehen: Die Verteidigung hat sich organisiert, alle Verteidiger befinden sich auf ihren Grundpositionen.

Bei einer **Mann-Mann-Verteidigung** weiß jeder der fünf verteidigenden Spieler, wer »sein« Angreifer ist und wo er sich befindet.

Bei einer **Ball-Raum-Verteidigung** haben sich die Verteidiger formiert und schirmen ihre Aktionsräume ab.

Die jetzt angreifende Mannschaft steht also vor der Aufgabe, gegen eine organisierte, abwehrbereite Verteidigung zum Korberfolg zu kommen. Sei es durch einstudierte Spielzüge oder angestrebte Einstiege im Ergebnis bestimmter Laufwege – eine im Set-Play angreifende Mannschaft tut dies aus einer festen Aufstellung heraus.

Es gibt mehrere erfolgversprechende **Aufstellungen im Set-Play**. Sie werden durch bestimmte Ziffernkombinationen charakterisiert. Jede Ziffer steht für die Anzahl von Spielern, die sich annähernd auf gleicher Höhe (in der gleichen Spielfeldzone) befinden. Dementsprechend ergeben sich **Aufstellungen** wie zum Beispiel
1–2–2 (ein Aufbauspieler, zwei Flügelspieler, zwei Center im Low-Post),
1–3–1 (ein Aufbauspieler, zwei Flügelspieler mit einem zusätzlichen Center auf der Freiwurflinie [High-Post], ein Center im Low-Post),
2–1–2 (zwei Aufbauspieler, ein High-Post, zwei Flügelspieler, die etwas »tiefere« Flügelpositionen eingenommen haben),
1–4 (ein Aufbauspieler, zwei Flügelspieler sowie zwei Center, die im High-Post auf den Ecken der Freiwurflinie ihre Ausgangsposition haben),
2–3 (zwei Außenspieler, zwei tiefstehende Flügelspieler und ein Low-Post).

Da auch bei der *Ball-Raum-Verteidigung* die Spieler eine bestimmte Grundformation einnehmen, hat sich diese Art der Benennung auch für deren verschiedene Systeme eingebürgert.

Offense – Set-Play

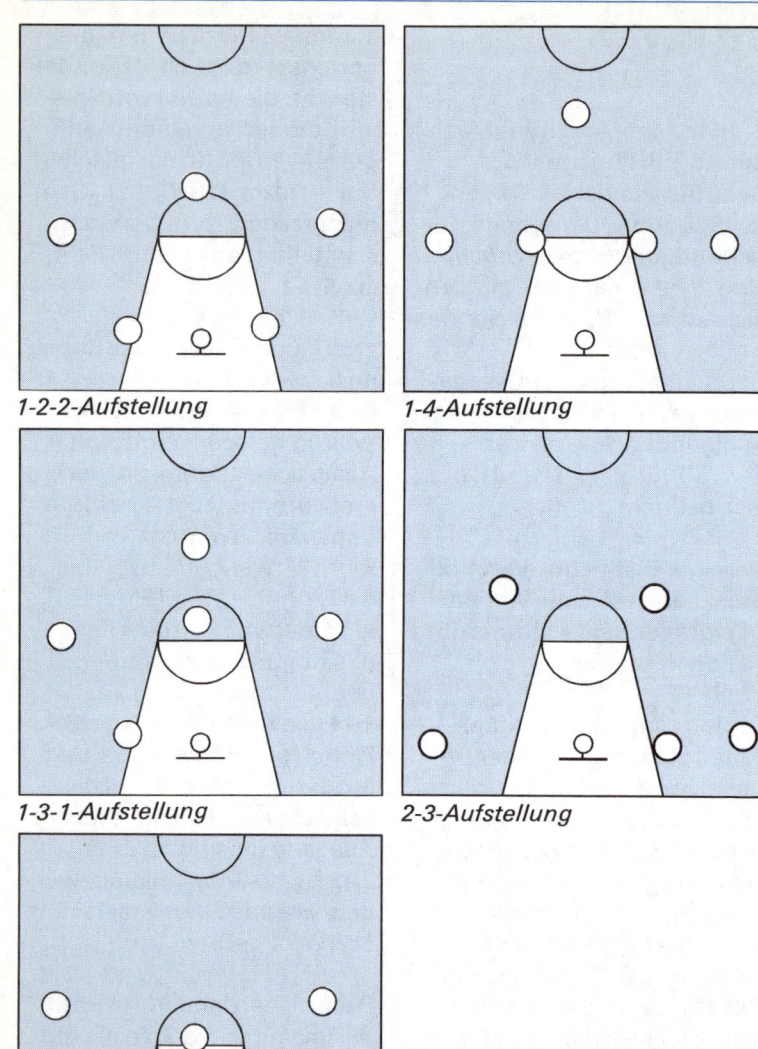

1-2-2-Aufstellung

1-4-Aufstellung

1-3-1-Aufstellung

2-3-Aufstellung

2-1-2-Aufstellung

Taktikwissen Set-Play

Bei der Mann-Mann-Verteidigung ist dieses Prinzip wenig sinnvoll, da die fünf Verteidiger ihren Angreifern fest zugeordnet sind und ihre Aufstellung ein Spiegelbild der Angreifer-Aufstellung ist.

In welcher Aufstellung sollen die Angreifer gegen eine Ball-Raum-Verteidigung im Set-Play angreifen?

Die **Faustregel** lautet:

> Gegen eine ungerade Defense wird mit einer geraden Offense angegriffen, gegen eine gerade Defense mit einer ungeraden Offense.

Ob eine Aufstellungsvariante als »gerade« oder »ungerade« bezeichnet wird, richtet sich nach der ersten Ziffer. Eine 2–1–2-Ball-Raum-Verteidigung (auch 2–1–2-Zone genannt) ist demnach eine gerade Defense. Gegen sie empfiehlt es sich, in einer 1–2–2- oder 1–3–1-Aufstellung anzugreifen.

Dem liegen folgende *Überlegungen* zugrunde:

1. Wollte man einer bestimmten Defense-Aufstellung mit einer gleichnamigen Offense-Aufstellung begegnen, stünde jedem Angreifer »sein« Abwehrspieler gegenüber. So schafft man keine Überzahl an Angreifern in aussichtsreichen Positionen!

Besonders in den Fällen, da eine leichte Überzahl an Angreifern von einer Unterzahl an Verteidigern an der Bedrohung des Korbes gehindert werden sollen, halten sich Angreifer mehr oder weniger zwischen zwei Verteidigern auf.

2. Dort, wo die (unsichtbaren) Aktionsräume (»Zuständigkeitsbereiche«) zweier Verteidiger aneinandergrenzen, besteht eine schmale Zone, in der nicht ganz klar ist, welcher Verteidiger für sie zuständig ist. Dringt ein Angreifer überraschend an solch einer Nahtstelle in die Abwehrformation ein, kommt es häufig zu einem kurzen Zaudern der Verteidiger, ehe sie – oder einer von beiden – eingreifen. Auch sind die Laufwege dorthin relativ lang. Ähnlich verhält es sich, wenn ein dort postierter Angreifer den Ball erhält.

Mit welchen Mitteln man auch versucht, eine solide organisierte Ball-Raum-Verteidigung zu überlisten – das Spiel gegen jede Form der Ball-Raum-Verteidigung erfordert stets ein hochentwickeltes Spielverständnis und ein reiches taktisches Repertoire.

Angriff gegen Mann-Mann-Verteidigung

Wenn der Gegner die Mann-Mann-Verteidigung anwendet und jeder Verteidiger wie eine Klette an »seinem« Angreifer klebt – das ist schon unangenehm. Doch zum Glück hat diese »bissige« Art der Verteidigung auch ihre Schwachstellen. Und die gilt es klug zu nutzen.

Prinzipien des Angriffs gegen Mann-Mann-Verteidigung

- Bewußtes *Durchsetzen der mannschaftlichen Ordnung*, der abgesprochenen Grundaufstellung schafft ein Übergewicht gegenüber der ohne Ordnung agierenden Verteidigung. – Dadurch, daß sich die Verteidiger »Mann zu Mann« den Angreifern zuordnen und ihren Gegenspielern wie Schatten folgen, herrscht innerhalb der verteidigenden Mannschaft keine Ordnung, und sie können keine taktisch begründete Aufstellung einhalten.
- Konzentriertes *1-gegen-1-Spiel* bringt höchste Gefahr für die verteidigende Mannschaft. Denn hat es ein Angreifer mit Ball geschafft, sich von seinem Verteidiger zu lösen, so hat er entweder freie Bahn zum Korb, oder aber die übrigen Verteidiger müssen jetzt aushelfen. Damit können sie aber nicht mehr »ihre« Angreifer decken, woraus sich gute Anspielmöglichkeiten ergeben.
- Gruppentaktische Maßnahmen, wie *Give and Go*, das *Stellen von Blöcken* oder das *Aufposten der Center*, stellen die fünf isoliert agierenden Verteidiger vor nur schwer lösbare Aufgaben.
- Die *Einbeziehung* auch derjenigen *Spieler*, die von *der Weak-Side* aus den Angriff beginnen, erhöht die Wirkung der mannschaftlich geschlossenen Aktionen gegen die fünf verteidigenden »Einzelkämpfer«.
- Sogenannte *Isolationen* sind wirksame Mittel, um Schwachstellen des Gegners zum eigenen Vorteil bewußt auszunutzen. Steht zum Beispiel einem Angreifer ein körperlich oder spielerisch deutlich unterlegener Verteidiger gegenüber, so werden Angriffsaktionen betont gerade gegen diesen Spieler vorgetragen. Wenn das auch nicht eben die Attraktivität der Sportart hebt, so ist es doch sehr effektiv.

Das gleiche Verfahren, nämlich verstärkt über bestimmte Spieler anzugreifen, ist anzuwenden, wenn ein Verteidiger bereits hoch foulbelastet ist und deshalb oft nur mit »angezogener Handbremse« spielt.

Angriff gegen Ball-Raum-Verteidigung

Im Angriff gegen eine Ball-Raum-Verteidigung sind gewisse taktische Maßnahmen der Angreifer, die gegen Mann-Mann-Verteidigung sehr erfolgreich sind, nicht zu gebrauchen, da die Verteidiger nach gänzlich anderen Prinzipien agieren. Demzufolge müssen sich auch die Angreifer ganz anderer Mittel bedienen.

Oberstes Ziel der Angreifer muß es sein, die aus einer vorgegebenen Formation startenden Verteidiger so in Bewegung zu bringen, daß die Abgrenzung der jeweiligen Zuständigkeitsbereiche (Aktionsräume) der Verteidiger unklar wird. Gelingt ihnen das, dann ergeben sich Chancen an eben jenen Stellen, wo die Verantwortlichkeit der beteiligten Verteidiger nicht mehr exakt zuzuordnen ist.

Prinzipien des Angriffs gegen Ball-Raum-Verteidigung
- Eine Eigenheit der Ball-Raum-Verteidigung besteht darin, daß die Verteidiger grundsätzlich ihren Aktionsraum nicht verlassen. Durch die *Verlagerung mehrerer Angreifer auf eine Seite* wird dort eine Überzahlsituation geschaffen, denn die zusätzlichen Angreifer bringen keine zusätzlichen Verteidiger mit.
- Die Angreifer müssen ständig ihre Positionen wechseln und dabei auch den Ball schnell und viel »laufen lassen«. Für die Verteidiger bedeutet das: Sie müssen sich ständig neu zum Ball ausrichten. Wenn ihnen dabei ein *hohes Tempo* aufgezwungen wird, geht zeitweilig der Überblick über aktuelle Lage und Begrenzung des eigenen Zuständigkeitsbereichs verloren.
- Gelingt es den Angreifern, alle ihre *Spieler einzubeziehen*, erhöht das den Druck auf die Abwehr. So ergibt sich für

die Weak-Side die Chance, daß Spieler, die im Rücken der Verteidigung schneidend einlaufen, inkonsequent gedeckt werden, da die Abwehr überfordert ist.
- Da bei einem *Cut* der Angreifer *in die Aktionsräume mehrerer Verteidiger* eindringt, bereitet er der Verteidigung fast mit jedem Schritt gefährliche Zuständigkeitsprobleme.
- Eine *sehr enge Ball-Raum-Verteidigung* kann nur durch erfolgreiche *Würfe von außen* geknackt werden. Gefährliche Weitwürfe zwingen die Verteidiger, zu den ballführenden Spielern herauszutreten – das aber schafft in der Zone Platz für andere Angreifer.
- Ähnlich wie im Spiel gegen eine Mann-Mann-Verteidigung, ergeben sich viele *1-gegen-1*-Situationen. Hierbei kann der Angreifer mit Ball seinen Gegenspieler überlaufen und an ihm vorbei zum Korb ziehen. Er muß allerdings immer mit den am Korb postierten Verteidigern rechnen, so daß ein Abstoppen am Zonenrand und ein anschließender freier Wurf meist die bessere Alternative ist, als am Brett von den meist längeren Verteidigern geblockt zu werden.
- Eine Chance ganz eigener Art ergibt sich beim *Rebound*: Die Verteidiger müssen sich einen Angreifer zum Ausblocken erst suchen, denn die Ball-Raum-Verteidigung sieht keine Zuordnung der Verteidiger zu bestimmten Angreifern vor.

Passen

Spielsituation
Der Spieler, der sich für einen Paß entscheidet, hat nach blitzschneller Analyse der Spielsituation andere Möglichkeiten der Spielfortsetzung, nämlich ein Dribbling oder einen Korbwurf, verworfen. Es kann aber auch sein, daß dem Aufnehmen des Balles zum Passen bereits ein Dribbling vorausgegangen war.

So paßt du richtig
- Der Ball wird, wenn möglich, mit beiden Händen gespielt, um ihn besser kontrollieren zu können, und auch, um mehr Kraft einsetzen zu können.
- Der Spieler, der im Begriff ist zu passen, sollte dies möglichst nicht aus der Bewegung tun, sondern vorher abstoppen. Natürlich sind Anspiele

Passen

auch aus der Bewegung und auch nur mit einer Hand möglich, bergen aber ein größeres Risiko in sich, da sie schwieriger sind und damit eher ungenau ausfallen. Damit sind sie leichter abzufangen.
Je nach Spielsituation stehen dem Angreifer mehrere Arten, einen Paß zu spielen, zur Verfügung:

Brustpaß

Der Ball wird – normalerweise mit beiden Händen im Druckwurf – in Brusthöhe zum Mitspieler gepaßt. Die Flugbahn des Balles soll »wie mit dem Lineal gezogen« sein – ein Fingerzeig dafür, daß der Brustpaß ein sehr schneller Paß ist. Ein weiterer Vorteil besteht darin, daß er aus der »SPD«-Haltung fast ansatzlos gespielt werden kann, zumindest in der beidhändigen Ausführung. Auch der hohen Präzision wegen ist diese Version zu bevorzugen.

Brustpaß. *Der Ball wird mit beiden Händen im Druckwurf in Brusthöhe zum Mitspieler gepaßt, der anzeigt, wo er angepaßt werden möchte.*

Bodenpaß

Der Bodenpaß wird mit der gleichen Technik wie der Brustpaß beidhändig von der Brust, allerdings schräg nach unten, gespielt. Bevor er den

Empfänger erreicht, tippt der Ball nach etwa zwei Dritteln des Paßweges auf dem Boden auf und springt von dort in die Hände des Angepaßten. Gegen Bodenpässe ist es sehr schwer zu verteidigen, da ein Abfangen mit den Händen schier unmöglich ist. Somit werden sie oft spontan mit dem Fuß abgewehrt, was allerdings weder regelgerecht ist noch zu einem Ballgewinn führt.

Überkopfpaß

Mit dieser Paßart können größere Distanzen überbrückt werden und störende Verteidiger überspielt werden. Wie der Name erkennen läßt, wird der Ball über dem Kopf abgeworfen und über die Köpfe gepaßt.

Bodenpaß. *Der Ball erreicht nach Aufsetzen auf dem Boden den Mitspieler. Wurftechnik: Druckwurf, wie beim Brustpaß*

Überkopfpaß. *Über größere Entfernungen wird der Ball über Kopfhöhe zugespielt und ist dadurch schwerer abzufangen.*

Baseballpaß (Handballpaß)

Es ist ein einhändiger Kernwurf (Schlagwurf). Aufgrund der ausgeprägten Ausholphase mit dem Arm und dem gesamten Körper wird der Ball stark beschleunigt, so daß große Entfernungen überbrückt werden können. Es bedarf allerdings intensiven Übens, um mit diesem Einhandwurf eine zuverlässige Zielgenauigkeit zu erreichen.

Einhändiger Baseballpaß (Handballpaß). Um größere Entfernungen zu überbrücken, wird einhändig gepaßt. Die weite Ausholphase vor dem Wurf ermöglicht besonders weite Würfe.

Freimachen

Eine angreifende Mannschaft, die sich von den sehr aufmerksamen, deckungsstarken Verteidigern die Möglichkeit nehmen läßt, Pässe zu spielen, hat schon halb verloren. Die Verteidiger werden also versuchen, durch Schließen der kurzen Paßwege (Deny-Defense) Zuspiele zu unterbinden. Somit ist ein stehender Angreifer nicht anspielbar. Die einzige Möglichkeit für einen solcherart gedeckten Angreifer, sich dem zu entziehen, besteht darin, sich vom Gegenspieler zu lösen, sich also freizulaufen, um in der Bewegung den Ball zugespielt zu bekommen. Unter **Freilaufen** ist kein Umherrennen aller vier Angreifer ohne Ball zu verstehen in der Hoffnung, daß irgendwer irgendwo einmal den Ball zugepaßt erhält. Ein solches planloses Über-das-Spielfeld-Laufen hätte den schwerwiegenden Nachteil, daß die ursprünglich gewollte Aufstellung, die ja für den Angriff den größten Erfolg verspricht, aufgegeben würde. **Jeder Angreifer soll den Ball auf der Position erhalten, von der aus er im Set-Play startet.** Dafür bestehen prinzipiell zwei Möglichkeiten:

1. Sein Freilaufen führt den inzwischen angespielten Angreifer wieder auf »seine« Position.
2. Er beginnt sein Freimachen auf einer anderen als seiner angestammten Position, sein Laufweg führt ihn aber auf »seine« Position zurück, wo er den Ball zugespielt bekommt.

Durch solcherart überlegtes Freilaufen vermeiden die Angreifer sowohl, daß ein Spieler, zum Beispiel ein Center, auf einer für ihn untypischen und damit ungünstigen Position freikommt, als auch, daß durch falsches Freilaufen alle Angreifer zufällig auf derselben Seite freikommen, womit jegliche Vorteile einer guten Raumausnutzung vertan wären.

Die Vielfalt der Spielsituationen bringt es mit sich, daß es nicht nur eine Art des Freilaufens gibt. Nach der Form des Laufweges unterscheidet man
— den I-Cut
— den V-Cut und
— den L-Cut.

Beim I-Cut will der Angreifer auf jener Stelle freikommen, von der aus er mit dem Freilaufen beginnt.
Der V-Cut eröffnet ihm die

Freimachen / I-Cut

I-Cut. *Der Angreifer läuft, gedeckt von seinem Verteidiger, in die Zone, um von dort aus dank einem Tempo- und Richtungswechsel (letzterer um 180°) auf seiner Ausgangsposition freizukommen.*

Offense – Set-Play

V-Cut. *Der Laufweg gleicht einem V.*

Freimachen / L-Cut

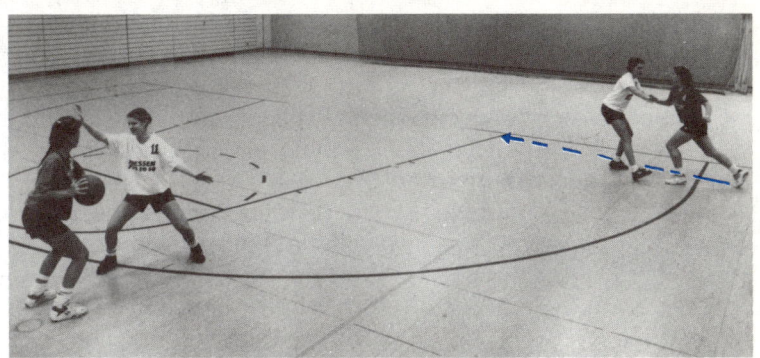

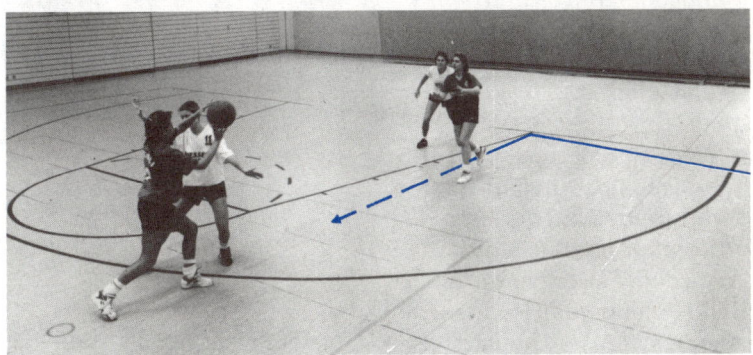

L-Cut. *Der Angreifer bewegt sich auf die Höhe des Balls, um dann mit einer Richtungsänderung von 90° auf direktem Weg zum Ball freizukommen.*

Chance, ein wenig neben der Stelle anspielbar zu sein, von der er gestartet war, und der L-Cut zeichnet sich durch ein rechtwinkliges Ändern der Laufrichtung aus, wodurch der Verteidiger abgeschüttelt wird.

Fangen

Spielsituation: Zu einem guten Paß muß das sichere Fangen des Balles kommen. Denn – was nützt das beste Zuspiel, wenn am Ende des Ballweges ein schlechter Fänger steht? Fangfehler machen nicht nur den erfolgversprechendsten Spielzug zunichte, sondern führen darüber hinaus zum Verlust des Ballbesitzes für die Mannschaft mit all den bekannten Konsequenzen.

Das ist wichtig

● **Wer den Ball zugespielt erhalten möchte, muß anspielbereit sein.** – Lauf dich frei, und biete dich zum Paß an! Zeige dem Paßgeber mit einer Hand (oder beiden Händen), wohin du den Ball gepaßt haben möchtest!
● **Nicht jeder Paß kommt maßgerecht, trotzdem muß der Ballbesitz gesichert werden.** – Erkenne frühzeitig – möglichst eher als dein Gegenspieler – den Paßweg und erlaufe, erspringe, erkämpfe den Ball!
● **Richtige Fangtechnik verhindert Ballverluste.** Forme die Hände so, daß beide Daumen hinter dem Ball liegen! So wird ein Durchrutschen des Balles verhindert.

Der Fänger formt mit Daumen und Zeigefinger ein großes W, um ein Durchrutschen des Balles zu verhindern.

Fangen

Der gefangene Ball wird geschickt vor dem Zugriff der Gegenspieler gesichert.

Taktisch richtiges Verhalten beim Fangen

Mit dem Fangen des Balles erlangt der Spieler einen neuen Status: Er ist nun der Angreifer im Ballbesitz, strahlt somit verstärkte Gefahr für die verteidigende Mannschaft aus und zieht folgerichtig besonders massierte, konsequente Abwehrmaßnahmen auf sich. Er trägt aber auch die Verantwortung dafür, daß der Ballbesitz in gefährliche Angriffsaktionen umgemünzt wird.

● **Der Ball muß clever vor dem Zugriff des Gegenspielers gesichert werden.** – Ziehe den gefangenen Ball sofort zur Brust! Damit ist er durch einen zusätzlichen Haltepunkt fixiert. Außerdem sollen die nach außen gestellten Ellenbogen den Ball vor einem zudringlichen Gegner schützen.

● **Die Ballannahme ist nicht Selbstzweck, sondern lediglich Ausgangspunkt für eine überlegte Aktion, die zum Korberfolg führen soll.**

Ein guter Spieler weiß bereits bei der Ballannahme, wie es weitergehen soll. Oder er ist zumindest schon dabei, die aktuelle Spielsituation zu erfassen und zu analysieren, um im nächsten Moment zu einer Entscheidung zu kommen.

● **Den Vorrang hat stets eine solche Aktion, die eine Bedrohung des gegnerischen Korbes darstellt.** Damit ist der gegnerische Verteidiger nämlich gezwungen, sich konsequent auf den Ballbesitzer zu konzentrieren, um den drohenden Angriff zu vereiteln. Denn: Gegen einen Angreifer, der zwar im Ballbesitz ist, aber nicht den Korb bedroht, muß auch nicht massiv verteidigt werden. Es ist ja effektiver,

Der Ellenbogen schützt den Ball vor dem Zugriff des Verteidigers.

statt dessen den Raum zu dekken und sich auf mögliche Anspielpartner zu konzentrieren.
● **Wann wird ein Angreifer, der sich im Ballbesitz befindet, als eine Gefahr für den Korb eingestuft?** Das entscheidende äußere Merkmal, das den Verteidigern den Drang zum Korb signalisiert, ist die *Körperhaltung des Ballbesitzers* einschließlich der Fußstellung: Dreht sich der Ballbesitzer zum Korb, so daß seine Fußspitzen zum Korb weisen, ist Gefahr im Verzuge. Das gilt sowohl für den Fall, daß er sich unmittelbar nach dem Fangen zum Korb hinwendet, als auch für die Situation, daß er den Ball im Sprung annimmt und ihn die Landung bereits in die beschriebene Position bringt.

Tip: Selbst wenn du nach dem Fangen nicht ernsthaft den gegnerischen Korb attackieren willst, weil du die Erfolgschancen als zu gering einschätzt, solltest du stets deutlich Gefahr für den gegnerischen Korb ausstrahlen. Damit erleichterst du deinen Mannschaftskameraden die Fortsetzung des Angriffs.

Dribbeln

Spielsituation
Ein Spieler gelangt in den Ballbesitz und schätzt ein, daß weder ein Paß noch ein Korbwurf die günstigste Spielfortsetzung ist. Er erkennt jedoch eine Möglichkeit, mit dem Ball zu einer anderen Position auf dem Spielfeld zu laufen, um von **dort** eine korbgefährliche Aktion (Korbwurf oder Paß) auszuführen. Er entscheidet sich also für ein Dribbling. Es ist die den Regeln gemäße Form des (über zwei Schritte hinausgehenden) Laufs mit Ball. Beim Dribbling wird das Laufen mit dem Ballprellen koordiniert.

So dribbelst du richtig
● Der Ball wird mit den leicht gespreizten Fingern – nicht mit dem Handteller – in Richtung Boden gedrückt; in der Fortbewegung ist diese Bewegung nach vorn-unten gerichtet. Dabei schmiegt sich die Hand an die Form des Balles an. Der Impuls für die Abwärtsbewegung des Balles kommt überwiegend aus dem Handgelenk, am Ende dieser Bewegung aus den Fingern.
● Der vom Boden hochspringende Ball wird von der Hand

Bildreihe **Dribbling**

gleichsam »angesaugt«, ehe er erneut abwärts gedrückt wird. Mit »Ansaugen« ist gemeint, daß die Hand – nachdem sie dem aufsteigenden Ball ein wenig entgegengekommen ist – diesem sanft nachgibt.

● Der Ball darf nur einhändig geprellt werden, es ist aber erlaubt, im Verlaufe eines Dribblings mal mit der rechten, mal mit der linken Hand zu prellen.

● Beim Dribbling müssen Ballprellen und Laufen koordiniert werden. Folgender Rhythmus hat sich bewährt: Der Ball setzt etwa gleichzeitig mit dem linken Fuß (bei Dribbling rechts) auf dem Boden auf.

● Hohes Lauftempo erfordert, daß der Ball stärker in Laufrichtung, also schräg, geprellt wird. Im langsamen Lauf überwiegt eindeutig die senkrechte Komponente.

So dribbelst du taktisch geschickt

● Kann ein Spieler unbedrängt dribbeln, ist ein *hohes Dribbling* durchaus angebracht. Wird der Dribbler jedoch von einem Gegner attackiert, bietet das normale, etwa hüfthohe Dribbling zu viele

Dribbeln

Möglichkeiten, den Ball herauszuprellen, ein *tiefes Dribbling* ist in diesem Falle günstiger.

- Beim Dribbling ist der Blick nicht auf den Ball gerichtet, sondern der Spieler beobachtet die Aktionen seiner Gegner und seiner Mitspieler, um jederzeit richtig reagieren zu können.

Tip: Das Dribbling ohne Blickkontakt zum Ball erfordert viel Übung. Wer sich als Anfänger immer wieder bemüht, den Blick vom Ball zu lösen, wird diesen Lernprozeß spürbar verkürzen.

Abschirmen des Balles beim Dribbling

Selten läßt der Gegner ein Dribbling zu, ohne zu versuchen, seinerseits den Ball zu erobern.
Auf folgende Weise hältst du den Gegner von »deinem« Ball fern:
– durch tiefes Dribbling,
– dadurch, daß du deinen Körper zwischen Ball und Gegner bringst – das ist der wirksamste Schutz,
– oder dadurch, daß du zumindest den freien Arm schützend zwischen Ball und Gegner schiebst.

Typische Fehler
— Der Ball wird hart in Richtung Boden *geschlagen* — meist auch erkennbar an dem klatschenden Geräusch.
— Der Ball wird zu hoch gedribbelt, er springt deutlich über Hüfthöhe und ist so für den Gegner relativ leicht zu erreichen.
— Der Spieler starrt auf den Ball, statt das Spielgeschehen zu verfolgen.
— Der Spieler kann nur mit der rechten oder nur mit der linken Hand gut dribbeln. Dadurch ist er leichter auszurechnen, was die Verteidigung gegen ihn stark erleichtert.

Regelecke
• Zu Beginn eines Dribblings muß immer erst der Ball die Hand verlassen haben, bevor der Fuß zum ersten Schritt aufsetzt.
• Nach Abschluß eines Dribblings bleiben dem Spieler noch maximal zwei Schritte, bevor er den Ball gepaßt oder auf den Korb geworfen haben muß. Der dritte Bodenkontakt würde zu einem Schrittfehler führen.

Handwechsel

Gegen jeden Angreifer, der dribbelt, wäre es leicht zu verteidigen, wenn er dies nur mit einer Hand tun könnte. Auch wenn die meisten Angreifer gewohnheitsgemäß mit ihrer »starken« Hand dribbeln, muß der gute Angreifer dies auch mit seiner »schwachen« Hand tun können, damit er von seinem Verteidiger schwerer auszurechnen ist. Um während eines Dribblings zwischen der rechten und der linken Hand zu wechseln, stehen dem dribbelnden Angreifer mehrere **Arten des Handwechsels** zur Verfügung:
Handwechsel
— vor dem Körper
— hinter dem Rücken
— durch die Beine
— mit einer Körperdrehung

Egal, für welche Art des Handwechsels der Spieler sich entscheidet — mit dem Handwechsel wird auch ein Richtungswechsel des Laufweges verbunden, um den Gegner auszuspielen. Das wird noch sicherer gelingen, wenn gleichzeitig die Laufgeschwindigkeit abrupt erhöht wird.

Dribbeln mit Handwechsel

Handwechsel vor dem Körper. Dabei wird möglichst tief gedribbelt, da der Ball für kurze Zeit ungeschützt ist und so vom Verteidiger leicht herausgespielt werden kann.

Handwechsel hinter dem Rücken. Hierbei besteht allerdings die Gefahr, daß ein von hinten kommender Verteidiger leicht an den Ball gelangen kann. Dem zugeordneten Verteidiger ist eine solche Aktion allerdings stark erschwert, da der Angreifer seinen Körper zwischen Verteidiger und Ball bringt.

Offense – Set-Play

Handwechsel durch die Beine. Der Dribbler schützt den Ball ebenfalls mit Teilen seines Körpers.

Handwechsel mit Körperdrehung (Rolling). Der Angreifer deckt den Ball mit seinem Körper vor dem Verteidiger ab. Durch die Drehung verliert er aber seine Laufrichtung kurzzeitig aus dem Blickfeld.

Dribbeln mit Handwechsel

Während des Handwechsels vor dem Körper ist der Ball für kurze Zeit ungeschützt. Somit sollte das Dribbling möglichst schnell und tief ausgeführt werden.
Dies ist beim schwierigen **Handwechsel durch die Beine** nicht der Fall.
Beim **Handwechsel hinter dem Rücken** verläßt der Ball kurzfristig das Blickfeld des Dribblers und stellt somit den gefährlichen Moment des Handwechsels dar.
Der **Handwechsel, verbunden mit einer Körperdrehung**, kann insofern gefährlich werden, als der ballführende Spieler sich selten ganz sicher sein kann, daß die von ihm anvisierte Stelle auch wirklich nicht durch einen anderen Spieler schon besetzt ist.
Wie beim Dribbeln ist es wichtig, während des Handwechsels nicht auf den Ball schauen zu müssen, sondern den Blick auf das Spielgeschehen gerichtet zu halten.

Pivotieren (Sternschritt)

Spielsituation
Der ballführende Spieler hat ein Dribbling abgeschlossen und ist in den Stand gelangt. Oft hat ein Verteidiger sein Dribbling gestoppt, der nun den Angreifer bei der darauf-

Offense – Set-Play

*Beim **Pivotieren** ist das Sichern des Balles genauso wichtig wie das vorangehende Schauen, ob der Platz hinter dem Angreifer nicht von einem anderen Spieler schon besetzt ist.*

folgenden Aktion stören will. Die Regeln erlauben es dem Ballbesitzer, seine Position noch geringfügig zu ändern, indem er pivotiert.

Pivotieren bedeutet, der Spieler kann seinen »Nicht-Standbein-Fuß« (Pivotfuß) versetzen, solange sein Standbein den Boden nicht verläßt. Das Pivotieren ist angebracht, um sich von einem eng deckenden Verteidiger wenigstens so weit zu lösen, daß ein Paß ohne größeres Risiko möglich ist.

> **Tip:** Beende dein Dribbling erst, wenn du eine Anspielstation gefunden hast oder auf den Korb werfen kannst.

Ein einmaliger Sternschritt (Centerschritt) ist günstig, um nach Abschluß eines Dribblings sich kurzzeitig aus der Bewachung durch den Verteidiger zu lösen. Allerdings bleibt in diesem Fall dann nur noch der Paß oder der Korbwurf, da der Spieler sonst einen Schrittfehler begehen würde.

Pivotieren / Fintieren

> **Regelecke**
> - Beim Schrittstopp ist stets das zuerst aufgesetzte Bein das Standbein.
> - Beim Parallelstopp kann sich der Spieler aussuchen, welches Bein als Standbein gelten soll.
> - Um aus dem Dribbling zum Stand abzustoppen, stehen dem Spieler maximal zwei Kontakte (Schritte), während derer er den Ball hält, zur Verfügung.
> - Das einmal gewählte Standbein darf während der Aktion nicht gewechselt werden.

Fintieren

In vielen Fällen gelingt es den Angreifern nur deshalb, eine Aktion – sei es einen Korbwurf, einen Paß oder einen Durchbruch – erfolgreich auszuführen, weil sie ihren Gegenspieler mit einer Finte überlisten konnten. Eine Finte ist eine Täuschungshandlung. Sie beruht auf dem Auftakt zu einer bestimmten Handlung, die urplötzlich abgebrochen wird, um die tatsächlich beabsichtigte Handlung relativ unbedrängt ausführen zu können.

Durch die Finte wird der Verteidiger veranlaßt, seine Grundstellung Defense sowie sein stabiles Gleichgewicht aufzugeben, und zwar durch Verlagerung des Körperschwerpunkts in eine Richtung, die dem Angreifer für Bruchteile von Sekunden Raum läßt für die Haupthandlung. Um den Abwehrspieler über seine wahren Absichten zu täuschen, stehen dem Angreifer folgende Finten zur Verfügung:
- Paßfinte
- Wurffinte
- Dribbelfinte.

Egal, für welche Finte oder Kombination von mehreren Finten der Angreifer sich entscheidet, er verfolgt immer das gleiche Ziel, nämlich den Verteidiger so aus seinem Gleichgewicht zu bringen, daß er einen ungehinderten Paß, einen freien Korbwurf oder einen einfachen Durchbruch zum Korb an seinem Verteidiger vorbei erreichen kann.

> **Wichtig: Die geplante Aktion und die ihr vorausgehende Finte sollen möglichst verschieden sein und zudem noch in verschiedene Richtungen gehen.**

So kann ein Angreifer nach einer Dribbelfinte nach links ungehindert nach rechts passen. Bedingung hierfür ist allerdings die Glaubwürdigkeit der Finte.

So ist eine Finte des Ballbesitzers überzeugend
1. Bei der Finte muß der Ball bewegt werden. Eine Wurffinte zum Beispiel, bei der der Angreifer zwar den Körper aufrichtet, aber nur so tut, als würde er zum Sprung ansetzen, ist wirkungslos, solange er dabei den Ball nicht ebenfalls nach oben führt und so überzeugend einen Wurfansatz zeigt.

2. Der Angreifer muß dem Verteidiger Zeit lassen, auf seine Finte hereinzufallen. Folgt die eigentliche Aktion aber zu schnell auf die Finte, hat der Verteidiger eine reale Chance, wirksam zu verteidigen, da ihn die Finte gar nicht aus seiner Grundstellung Defense geholt hat. Einem Angreifer ohne Ball

Paßfinte (links). *Das Bewegen des Balles in die angetäuschte Richtung ist mit entscheidend für die Glaubhaftigkeit der Finte.*
Wurffinte (Mitte). *Der Ball muß über den Kopf bewegt werden, damit der angetäuschte Wurfansatz überzeugend wirkt.*
Dribbelfinte (rechts). *Der Ball muß wie zum Dribbling bewegt werden, ohne daß der Spieler sein Gleichgewicht aufgibt.*

stehen diese Finten natürlich nicht zur Verfügung. Er kann sich nur durch **Lauffinten** einen Vorteil gegenüber seinem Verteidiger verschaffen, um zum Beispiel frei anspielbar zu werden.

So ist eine Lauffinte überzeugend:

1. Die Finte muß in eine andere Richtung gehen als der tatsächlich geplante Laufweg.

2. Der Richtungswechsel muß mit einem Tempowechsel einhergehen (das wird fast immer ein Antritt sein), um sich deutlich vom Gegner lösen zu können.

Lässige Ausführung von Finten im Training führt dazu, daß sich diese halbherzige, nicht wirksame Ausführung allmählich »einschleift«, verfestigt, so daß die Finte im Wettspiel nicht überzeugend ausfällt.

1-gegen-1-Spiel

Das Spiel 1 gegen 1 gehört zu den elementaren Angreifertechniken. Gerade bei Angriffen gegen Mann-Mann-Verteidigung, wo jedem Angreifer ein Verteidiger fest zugeordnet ist, besteht das Ziel des Ballbesitzers darin, seinen Gegenspieler im Zweikampf 1 gegen 1 zu schlagen und an ihm vorbeizuziehen.

So wirst du im 1-gegen-1-Spiel erfolgreich sein

● Jedes Spiel 1 gegen 1 sollte mit einer Finte beginnen, um den Verteidiger aus seiner stabilen Grundstellung zu bringen und ihn in eine andere Richtung zu schicken.

Tip: Aus der Fußstellung des Verteidigers kann der Angreifer ablesen, zu welcher Seite der Verteidiger den Angreifer abdrängen möchte. Der Angreifer sollte ihm diesen Gefallen nicht tun und die entgegengesetzte Richtung wählen.

● Der erste Dribbelschlag erfolgt mit der dem Verteidiger abgewandten Hand, so daß der Angreifer den Ball gegenüber dem Verteidiger mit dem Körper abschirmt.

● Der erste Schritt muß raumgreifend sein, um sich gleich vom Verteidiger abzusetzen.

● Ist der eigene Verteidiger geschlagen, so warten im Normalfall schon die abgesunkenen Verteidiger, um auszuhelfen. Deshalb ist es ratsam abzustoppen, nachdem man seinen Verteidiger geschlagen hat, und die Möglichkeit zu einem ungehinderten Wurf zu nutzen.

▼

1 gegen 1. *Nach einer Finte in die entgegengesetzte Richtung attackiert der Angreifer den vorn stehenden Fuß des Verteidigers. Zugleich mit dem ersten Dribbelschlag setzt der Angrei-*

1 gegen 1 / Block

▼

fer einen großen Schritt möglichst schon neben den Fuß des Verteidigers. Damit gilt dieser als geschlagen, denn jeder folgende Körperkontakt wäre ein Foul des Verteidigers.

Block

Gegen Mann-Mann-Verteidigung ist das Stellen von Blöcken ein geeignetes Mittel Man unterscheidet zwischen direktem und indirektem Block.

Direkter Block. Ein Angreifer stellt am Verteidiger des Ballführers mit seinem Körper eine Sperre, die der Ballführer ausnutzt, um sich vom Verteidiger zu lösen, während sein Gegenspieler am blockstellenden Angreifer »hängenbleibt«.

Hierzu postiert sich der Blocksteller so, daß sich ein Fuß des Verteidigers zwischen seinen Füßen befindet.

Der Angreifer mit Ball läuft möglichst eng am Block vorbei, damit der Verteidiger nicht Platz hat, am Block durchzuschlüpfen (»über den Block zu gehen«). Ist der ballführende Angreifer am Block vorbei, so rollt der Blocksteller ab, das heißt, er löst sich vom Verteidiger in Richtung Korb. Er hat dadurch den Verteidiger des Geblockten »auf dem Rücken« (dicht hinter sich mit Körperkontakt am Rücken). Der Verteidiger des Blockstellers muß sich nun zwischen *zwei*

Offense – Set-Play

Direkter Block. *Der Angreifer mit Ball nutzt den Block aus, um sich von seinem Verteidiger zu lösen. Da der Blocksteller abrollt, muß*

Direkter Block

sich der Verteidiger des Blockenden zwischen diesem und dem Angreifer mit Ball entscheiden.

Offense – Set-Play

Indirekter Block

Indirekter Block. Zunächst muß der Angreifer seinen Verteidiger (beide am oberen Rand der Fotos) binden, das heißt, dicht an ihn herantreten. Erst dann kann am Verteidiger ein Block gestellt werden. Auch beim indirekten Block rollt der Blocksteller (Nr. 12) nach dem Ausnutzen des Blocks zum Ball hin ab und bietet sich ebenfalls an.

Angreifern entscheiden. Das taktisch kluge Verhalten des Blockstellers hat zu einer Überzahlsituation für die Angreifer geführt.

Indirekter Block. Das Wesen des indirekten Blocks besteht darin, einen Mitspieler *ohne* Ball freizusperren. Das ist insofern schwierig, als der zugeordnete Verteidiger nicht eng deckt, denn es handelt sich bei diesem Angreifer ja nicht um den Ballführer. Deshalb muß der Spieler, der freigeblockt werden soll, auf seinen Gegenspieler zugehen, um ihn zu binden. Erst jetzt kann ein Block gestellt werden, mit dessen Hilfe der Angreifer tatsächlich frei wird und angespielt werden kann.

Abstreifen

Ein Angreifer kann im Laufen sich auch dadurch von seinem Verteidiger lösen, daß er ihn an einem fest stehenden anderen Angreifer abstreift, wenn er denn seinen Laufweg eng genug am anderen Angreifer vorbei wählt.
So einfach diese Form des passiven Blocks auch wirkt – sie setzt doch voraus, daß der als Block benutzte Spieler mitdenkt und tatsächlich stehenbleibt.

Offense – Set-Play

Wurfschirm / Give-and-Go

◀ *Wurfschirm.* Damit der Ballführer unbedrängt zum Korbwurf kommen kann, schirmt ihn ein Mitspieler gegenüber dem Verteidiger ab.

Wurfschirm

Eine weitere Möglichkeit, sich mit Hilfe des Blocks einen Vorteil zu verschaffen, besteht im Stellen eines Wurfschirms. Schirmstellen bedeutet: Ein Mitspieler des ballführenden Angreifers stellt sich in einer für den Korbwurf günstigen Position zwischen den Ballführer und den für die Wurfabwehr zuständigen Verteidiger, damit der Ballbesitzer zum Korbwurf kommt.

Give-and-Go

Ein Musterbeispiel dafür, wie eine geordnete Abwehr durch hohes Tempo, und zwar der Angreifer wie auch des Balles, ausgespielt werden kann, ist das Give-and-Go, im Fußball auch als Doppelpaß bekannt.

So funktioniert Give-and-Go:
Nachdem der Ballführer den Ball einem Mitspieler zugepaßt hat, schneidet der Paßgeber nach einer Lauffinte weg

70   Offense – Set-Play

◀ ***Give-and-Go.*** *Nach dem Paß zu einem Mitspieler (Bild S. 69) schneidet der Angreifer nach einer Lauffinte in die entgegengesetzte Richtung – zum Ball – und ist anspielbar.*

vom Ball, um nach einer Richtungsänderung zum Ball hin nunmehr *vor* seinem Verteidiger zu sein. Der Rückpaß auf den frei zum Korb schneidenden Spieler bringt höchste Gefahr für die verteidigende Mannschaft.

Korbwurf

Befindet sich eine Mannschaft im Ballbesitz, so verwendet sie all ihre Energie darauf, diesen Vorteil in einen Punktgewinn umzumünzen. Die einfachste Art, den Ball in den Korb zu befördern, ist der **Korbleger**, da hier die Entfernung des Werfers zum Korb im Moment des Wurfes sehr gering ist.

Ausführung:
Der Korbleger besteht aus dem Anlauf zum Korb hin und anschließendem Sprung zum Korb, den der Angreifer zum Wurf aus Nahdistanz nutzt. Der Anlauf zum Korb kann in einem Dribbling bestehen oder in einem Lauf ohne Ball, in den hinein der Paß kommt. In jedem Fall muß der Spieler nach zwei Schritt, nachdem der Ball aufgenommen oder gefangen wurde, werfen.
Es gibt mehrere Varianten des Korblegers. Ob der Spieler einen Rechtskorbleger (Wurf mit der rechten Hand) oder einen Linkskorbleger ausführt – stets muß er bei einem Anlauf durch die Mitte der Zone jene Hand wählen, die vom Verteidiger weiter entfernt ist. Dadurch hält er dessen Chancen, an den Ball zu kommen, möglichst gering.

Oft läßt die aufmerksame gegnerische Verteidigung keinen Korbleger zu. Um sich dem Zugriff der Verteidiger zu entziehen, kann der Angreifer einen **Sprungwurf** ausführen.

Ausführung:
Nach einer Ausholbewegung (Beugen der Knie) springt der Werfer beidbeinig nach oben ab, wobei er den Körper und

Offense – Set-Play

Korbleger mit der rechten Hand. *Nachdem der Ball beim vorletzten Schritt (Kontakt rechts) mit beiden Händen aufgenommen wurde, führt der letzte Schritt (Kontakt links) zum Absprung mit dem linken Bein. Im höchsten Punkt des Sprunges erfolgt der Wurf.*

dann den Wurfarm streckt. Die Wurfhand, die den Ball führt, klappt nach vorn-unten ab und verleiht dem Ball eine stabilisierende Rückwärtsrotation (Backspin).

Grundsätzlich ist der Ellbogen unter dem Ball.

> **Tip:** Suche dir ein gleichbleibendes Ziel, zum Beispiel die hintere Ringkante!

Dieselbe Wurftechnik, nur im Stand, wird beim **Freiwurf** angewendet. Ein Sprungwurf ist hier nicht zu empfehlen, da der Werfer nicht für immer gleiche Sprunghöhen garantieren kann. Höchste Konstanz der Wurfbewegung ist aber die Bedingung für sichere Freiwürfe. Die sicherste Art, zwei Punkte zu erzielen, ist das **Dunking**, bei dem der Ball von oben kraftvoll durch den Ring geschlagen wird. Wer dank seiner Körperhöhe und seiner Sprungkraft den in den Händen gehaltenen Ball deutlich

Offensivrebound

über 3,05 m Höhe befördern kann, der besitzt die wichtigsten Voraussetzungen für diesen effektvollen »Wurf«.

Offensivrebound

Spielsituation
Hat der Ball beim Korbwurf die Hand des Werfers verlassen, tritt eine hochbrisante Situation ein: Vom Punktgewinn für die angreifende Mannschaft bis zum Verlust des Ballbesitzes und anschließendem Fast-Break mit Korberfolg für den Gegner ist in den nächsten Sekunden alles möglich. So räumlich nah am gegnerischen Korb und den bedrohlichen Ballverlust im Nacken, besteht die wichtigste Aufgabe für die Angreifer darin, jetzt konsequent nachzusetzen für den Fall, daß der Ball sein Ziel verfehlt.

Mehrere Momente, die den Offensivrebound auszeichnen, sind bemerkenswert:
Erstens springen die meisten Bälle nach einem Fehlwurf in

Offense – Set-Play

Sprungwurf. *Beidbeiniger Absprung – Hochführen des Balles bis etwa Scheitelhöhe – einhändiger Abwurf mit Nachklappen der Wurfhand. Das Abklappen der Hand verleiht dem Ball einen Rückwärtsspin.*

die Zone zurück, so daß ein Angreifer, der einen Offensivrebound holen kann, sich mit dem Ball bereits sehr nahe am gegnerischen Korb befindet. Die Wahrscheinlichkeit, daß sein Nachwurf trifft, ist deshalb sehr hoch.
Zweitens. Selbst wenn nach einem Offensivrebound nicht auf direktem Weg ein Korberfolg erzielt werden konnte, greift doch die Mannschaft erneut unter sehr günstigen Bedingungen erneut an: Ihr verbleiben volle 30 Sekunden Angriffszeit und sie hat den Vorteil, sich bereits in der gegnerischen Hälfte zu befinden und nicht erst das gesamte Feld innerhalb dieser 30-Sekunden-Periode überbrücken zu müssen.

Achtung! Wenn auch die Chancen des Offensivrebounds mit aller Konsequenz genutzt werden müssen, so droht doch im Falle eines Defensivrebounds (durch die verteidigende Mannschaft) höchste Gefahr für den eige-

Offensivrebound

nen Korb. Es darf also keinesfalls versäumt werden, den eigenen Korb zu sichern (Transition-Defense). Das heißt, es dürfen nicht alle fünf Angreifer bei einem Wurfversuch zum Offensivrebound gehen. Deshalb beteiligen sich die Aufbauspieler im allgemeinen nicht am Offensivrebound.

So wirst du beim Rebound Erfolg haben

- Zum Offensivrebound gehen im allgemeinen die Center und die Flügelspieler.
- Sichere dir die Innenposition (zwischen Verteidiger und Korb)!
- Im Gegensatz zum Verteidiger muß sich ein Angreifer beim Rebound nicht unbedingt den Ball sichern (fangen), sondern es genügt, ihn zu einem Mitspieler oder aber in den Korb zu tippen. Das ist ein gewisser Vorteil, denn mit einer Hand reicht ein Spieler normalerweise höher als mit beiden.

Defense

Grundstellung Defense

Das **Hauptmerkmal** der Grundstellung eines Verteidigers sind die **gebeugten Knie**, wodurch der Körperschwerpunkt gesenkt wird. Der Spieler erinnert damit an eine bereits zusammengedrückte Feder, die sofort bei Bedarf Kraft entfalten kann. Der Vergleich ist gar nicht so weit hergeholt, denn der entscheidende Vorteil dieser Haltung ist, daß der Verteidiger sofort, ohne Auftaktbewegung, auf eine Aktion des Gegenspielers mit einem schnellen Schritt, einem Sprung, einer Drehung u. dgl. m. reagieren kann. Der verteidigende Spieler muß eine gewisse **Körperspannung** aufgebaut haben – erstens, um stabiler zu stehen und zweitens, um sofort effektiv reagieren zu können, ohne erst die nötigen Voraussetzungen dafür schaffen zu müssen.
Die **Arme** sind nahezu gestreckt und **in »Arbeitshöhe«**, das kann ungefähr Schulter-

Grundstellung in der Verteidigung

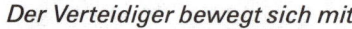

Der Verteidiger bewegt sich mit

Grundstellung Defense

höhe sein; aber auch eine ungleiche Armhaltung – der eine Arm über Kopfhöhe, der andere etwa in Hüfthöhe – kann sehr zweckmäßig sein. In jedem Fall geht es um das höchste Maß an Bereitschaft, um einen Korbwurf, einen Paß oder ein Dribbling unterbinden oder stören zu können.

Die **Fortbewegung** erfolgt **in Gleitschritten**. Sie ermöglichen dem Verteidiger den größtmöglichen Bodenkontakt. Ein in der Luft befindlicher Spieler kann nun einmal nicht auf Richtungs- und Geschwindigkeitsänderungen reagieren.

Der **Standort des Verteidigers**. Grundsätzlich sollte der Verteidiger sich zwischen dem Ball und seinem Gegenspieler befinden, um so ein Anspiel zu verhindern.

Hat der Gegenspieler den Ball, so ist jedoch eine Position zwischen dem Ball und dem Korb zu wählen, um einfache Korberfolge zu verhindern.

Bei einer Ball-Raum-Verteidigung ergibt sich die Position des Verteidigers aus dem gewählten Aufstellungssystem.

gleitenden Nachstellschritten fort.

Ein Verteidiger muß seine Position immer so wählen, daß er seinen Gegenspieler und den Ball im Blickfeld hat. Das bedeutet, daß er sich mit jeder Bewegung des Balls und jeder Bewegung seines Gegenspielers neu ausrichten muß.

Transition-Defense

Spielsituation: Mitten in einem Angriff erkämpft die gegnerische Mannschaft in ihrer Hälfte den Ball. Eine solche Situation ist typisch für einen Defensivrebound der Verteidiger. Es droht ein Fast-Break, der mit großer Wahrscheinlichkeit zum gegnerischen Korberfolg führen würde.

Oberstes Ziel: den Fast-Break vereiteln.
Es droht tatsächlich höchste Gefahr, denn in vielen Fällen

Verteidigung in der Unterzahl 2 gegen 3. Die Verteidiger stehen hintereinander. Der vordere stoppt den Ballführer und zwingt ihn zum Paß auf eine der beiden Seiten. – Der hintere Verteidiger deckt den neuen Ballführer, der andere sinkt so weit ab, daß er beide Angreifer im Blickfeld hat und in der Lage ist, bei einem erneuten Paß den Paßempfänger zu decken.

Transition-Defense

erreicht der Gegner durch schnelles Vortragen des Balls eine Überzahlsituation vor dem gegnerischen Korb, aus der relativ einfach Punkte erzielt werden können. Die verteidigende Mannschaft muß also auf Fast-Break-Versuche des Gegners vorbereitet sein. Greifen die Angreifer schnell an, kommt es oft zu Unterzahlsituationen der Verteidigung. In diesen Fällen gelten für die oder den Verteidiger bestimmte Prinzipien.

Prinzipien der Verteidigung in Unterzahl gegen einen Fast-Break

● Als erstes muß der ballführende Spieler gestoppt werden. Zum einen verschafft das den anderen Verteidigern Zeit, um ebenfalls zurückzulaufen und die Verteidigung aufzunehmen. Zum anderen geht von diesem Spieler natürlich die größte Gefahr aus, da nur der ballführende Spieler Punkte erzielen kann.

● Wenn mehr als ein Verteidiger versuchen, den gegnerischen Schnellangriff zu unterbinden, ist es die Aufgabe der anderen (nicht am Ballführer verteidigenden) Verteidiger, alle anderen Angreifer im Auge zu behalten. Eine klare Zuordnung ist aufgrund des Unterzahlverhältnisses nicht möglich.

● Den Angreifern dürfen keine einfachen Körbe erlaubt werden, das heißt, in erster Linie sollen Korbleger verhindert werden, da dies der einfachste Weg der Offense ist, zu Punkten zu gelangen.

Mann-Mann-Verteidigung

Das grundlegende Prinzip aller Formen der Mann-Mann-Verteidigung ist, daß jedem Angreifer ein bestimmter Verteidiger fest zugeordnet ist. Somit hat jeder Verteidiger eine klar umrissene Aufgabe. Neben der Abwehrarbeit gegen seinen Gegenspieler muß er aber auch das übrige Spielgeschehen verfolgen, um gegebenenfalls helfen zu können. Das setzt voraus, daß er jederzeit auch den Ball im Auge hat.

Die Intensität einer Mann-Mann-Verteidigung hängt zum einen davon ab, ob sie über das gesamte Feld gespielt wird oder aber, um ein Beispiel zu nennen, erst ab der Mittellinie. Wie intensiv ein Spieler seinen Gegenspieler bedrängt und abschirmt, hängt aber auch von der Spielsituation ab, zum Beispiel von der Entfernung zum Korb, aus der sich die aktuelle Gefährlichkeit des Angreifers maßgeblich ergibt. Der Verteidiger muß sich entscheiden, ob es besser ist, am Ballführer eng zu verteidigen oder aber weiter abzusinken. Ein Verteidiger, der seinen ballführenden Gegenspieler nicht eng markiert, riskiert, daß dieser relativ unbedrängt zum Korbwurf kommt. Auf der anderen Seite gewinnt er dadurch, daß er mit größerem Abstand verteidigt, aber Zeit, um zweckmäßig zu reagieren.

Was wann richtig ist, hängt von den Stärken und Schwächen des Gegenspielers wie auch des Verteidigers ab und ist letztlich immer entsprechend der vorliegenden Situation zu entscheiden.

Eine Sondermaßnahme bei der Mann-Mann-Verteidigung ist das **Doppeln eines Angreifers**, bei dem es sich immer um den Ballführer handelt. Beim Doppeln kommt ein zweiter Verteidiger dem zuständigen Verteidiger zu Hilfe, um dem Angreifer ein Abspiel oder einen Korbwurf so schwer wie möglich zu machen.

Ein möglicher Nachteil des Doppelns ist allerdings, daß es einen ungedeckten Angreifer gibt, nämlich den des zweiten, doppelnden Verteidigers.

Verteidigung gegen die Centerspieler. Die Verteidiger, welche die Bewachung der Center übernommen haben, müssen besonders aufmerksam agieren, erstens, weil von den Centern besondere Korbgefahr ausgeht und zweitens, weil diese auf zweierlei Weise gedeckt werden können, nämlich von hinten und von vorn.

Beim **Verteidigen von hinten** steht der Verteidiger hinter seinem Gegenspieler, der meist mit dem Rücken zum Korb am Zonenrand auf den Paß wartet. Die gewählte Position des Verteidigers ist also »klassisch«: zwischen Angreifer und Korb. Ein Nachteil dieser Position besteht darin, daß hierbei das Anpassen der Centerspieler relativ simpel ist. Entscheidet sich eine Mannschaft für das **Verteidigen von vorn**, so spricht man vom »Fronten«. Der Verteidiger steht *vor* seinem Gegenspieler, also zwischen Ball und Center. Er kann zwar so den Paßweg relativ gut schließen,

Defense

Doppeln des Ballführers. Nach dem Paß des Flügelspielers zum aufgeposteten Center unterstützt der Verteidiger des Flügelspielers den ohnehin zuständigen Verteidiger des Centers.

Mann-Mann-Verteidigung

◀ **Verteidigung von vorn.** *Wird der Centerspieler von vorn gedeckt, ist ein direktes Anspiel nicht möglich. Spielt der Flügel aber einen Back-Door-Paß, so müssen die in der Hilfe stehenden Verteidiger sofort helfen, da sonst ein Korberfolg des Centers nicht mehr zu verhindern ist.*

hat aber im Falle eines gelungenen Anspiels – zum Beispiel mit einem Back-Door-Paß – kaum noch eine Chance einzugreifen, da er nicht mehr auf eine Position zwischen Angreifer und Korb kommt. Allerdings zählt dieser Paß zu den schwierigsten aller Pässe. Verteidigen von vorn ist dann sinnvoll, wenn die anderen Verteidiger bereit und in der Lage sind zu helfen, indem sie den Laufweg zum Korb schließen und die Verteidigung gegen den Centerspieler übernehmen, sobald dieser den Ball erhalten hat.

Verteidigen gegen den ballführenden Spieler

Der Angreifer, der den Ball kontrolliert, unterscheidet sich von den vier anderen Angreifern dadurch, daß er als einziger Punkte erzielen kann. Von ihm geht die größte Gefahr aus. Deshalb wird der ballführende Angreifer enger gedeckt als die übrigen.

Bei der Bewachung dieses Spielers muß der Verteidiger darauf achten, daß er dessen Handlungsmöglichkeiten einschränkt, ohne jedoch dabei ausgespielt zu werden.
Er steht vor einer schwierigen Aufgabe: Wählt er eine zu große Distanz zum Angreifer, kann dieser frei zum Korbwurf kommen. »Klebt« er an seinem Gegenspieler, so bleibt ihm zu wenig Platz und damit Zeit, um auf überraschende Aktionen des Angreifers mit Erfolg zu reagieren, so daß dieser leicht am Verteidiger vorbeikommt.

So hast du die besten Chancen beim Angreifen des Ballführers
- Wähle deine Position so, daß du ungefähr eine Armlänge vom Angreifer entfernt stehst.
- Dein erhobener Arm erschwert dem Angreifer den Korbwurf.
- Deine tiefe Grundstellung ermöglicht es dir, schnell zu reagieren.

Mann-Mann-Verteidigung / Deny-Defense

Attackieren des Ballführers. Position des Verteidigers: zwischen Ball und Korb. Mit den Armen soll jegliches Passen und Dribbeln unterbunden werden.

Nimmt der Angreifer den Ball hoch, streckt auch der Verteidiger einen Arm nach oben, um den zu erwartenden Korbwurf zu stören.

- Sichere dir stets eine Position zwischen Ball und Korb.
- Hat dein Gegenspieler bereits gedribbelt, so markiere ihn so eng wie möglich, denn jetzt kann er lediglich noch werfen oder passen. Ein Zielen zum Korb dagegen würde als Doppeldribbling geahndet.

Deny-Defense

Deny-Defense beschreibt das Verhalten eines Verteidigers, dessen Angreifer nur »einen Paßweg« vom Ballbesitzer entfernt ist.

Spielsituation

Die verteidigende Mannschaft wendet eine Mann-Mann-Verteidigung an. Um einen Korberfolg der Angreifer zu verhindern, besteht das Ziel darin, möglichst erst gar keine korbgefährlichen Situationen zuzulassen. Genauer gesagt, die verteidigende Mannschaft ist bestrebt, gefahrbringende Anspiele von vornherein zu unterbinden und den Ballbesitzer energisch zu attackieren, sobald er den Korb bedrohen kann.

So spielt man Deny-Defense

Das Verteidigungsverhalten des einzelnen Spielers richtet sich maßgeblich danach, wo sich der Ball befindet und danach, welcher Grad von Gefahr in diesem Moment vom Gegenspieler des Verteidigers ausgeht.

Eine entscheidende Rolle spielt, ob der zu bewachende Gegenspieler nur »einen Paßweg« oder weiter als einen Paßweg vom Ballbesitzer entfernt ist. Auch wenn es nicht ganz logisch ist (auch einen weiter entfernt postierten Mitspieler kann man mit *einem* Paß anspielen), hat sich die Bezeichnung »ein Paßweg« für die Entfernung zu einem »benachbarten« Mitspieler eingebürgert.

Half-Deny. *Der verteidigende Spieler schließt den Paßweg mit seinem Arm.*

Full-Deny. *Der Verteidiger steht mit seinem gesamten Körper im Paßweg.*

Beispiel: Eine Mannschaft greift in 1-2-2-Formation an. Wenn der Aufbauspieler den Ball besitzt, sind die beiden Flügelangreifer nur einen (kurzen) Paßweg von ihm entfernt, während die beiden Center weiter entfernt postiert sind. Um einen solchen kurzen Paß zu verhindern, müssen sich die Verteidiger, die die möglichen Empfänger des Passes decken, voll und ganz auf diese Aufgabe konzentrieren. Sie

Mann-Mann-Verteidigung / Help-Side-Defense

»schließen« den Paßweg – entweder nur mit einem Arm (Half-Deny) oder mit dem ganzen Körper (Full-Deny) –, um ein Anspiel zu verhindern.

Das Wesen der Deny-Defense besteht darin, die direkte Linie vom Ballbesitzer zu dem einen kurzen Paßweg entfernten Angreifer zu versperren. – Damit haben sich die Möglichkeiten des Ballbesitzers für eine erfolgversprechende Spielfortsetzung verschlechtert.

Help-Side-Defense

Help-Side-Defense beschreibt das zweckmäßige Verhalten eines Verteidigers, dessen Angreifer weiter als einen Paßweg vom Ballbesitzer entfernt ist.

Spielsituation
Das Schließen des Paßweges bei einer Mann-Mann-Verteidigung ist nur dann sinnvoll, wenn der so gedeckte Angreifer lediglich einen Paßweg vom Ballbesitzer entfernt ist. Bei größerer Entfernung zwischen zu deckendem Angreifer und dem Ballbesitzer ist das Schließen des Paßweges jedoch nicht zu empfehlen. **Zwei Gründe** sprechen für eine andere Lösung:

Erstens ist die Entfernung zwischen den weiter entfernten Angreifern und dem ballführenden Spieler so groß, daß der angespielte Angreifer beim Schneiden zum Ball reichlich Zeit und Platz hat, seinen Verteidiger, zum Beispiel mit einer gekonnten Täuschung, zu schlagen. Der Verteidiger läßt sich klugerweise nicht auf dieses Risiko ein, »klebt« nicht an seinem Angreifer, sondern verschafft sich Zeit, um zweckmäßig reagieren zu können. Er zieht es vor, in einigem Abstand zu seinem Angreifer, und zwar in Richtung Ball, zu verteidigen.

Zweitens: Ein Verteidiger, dessen Gegenspieler weiter als einen Paßweg vom Ballbesitzer entfernt ist, befindet sich nicht auf der Angriffsseite, auf der sich der Ball befindet (Ball-Side, Strong-Side), sondern eben auf der anderen Seite des Vorfeldes (Weak-Side). Und für eine solche Situation gilt das *Prinzip: Je weniger unmittelbare Korbgefahr von einem*

Help-Side. Der Verteidiger auf der ballfernen Seite verteidigt nicht »am Mann«, sondern ist abgesunken, um bei Durchbrüchen des Ballführers zum Korb aushelfen zu können. Um rechtzeitig zur Stelle zu sein, startet er seine Aktion von der Korb-Korb-Linie, da ein Helfen spätestens am Zonenrand erforderlich ist.

Angreifer ausgeht, desto lockerer kann er gedeckt werden. Unser relativ ballferner Verteidiger verschwendet seine Energie also nicht für den sehr zweifelhaften Versuch, ein Zuspiel zu »seinem Mann« zu unterbinden, sondern tut etwas Wirkungsvolleres: Er geht in eine Position, aus der er dem Verteidiger des ballführenden Angreifers gegebenenfalls helfen kann, falls der Angreifer an dieser Stelle einen Durchbruch geschafft hat. Dieser Verteidiger spielt also eine Hilfe (Help-Side). Er sinkt bis auf die Korb-Korb-Linie ab.

So spielt man Help-Side
Der Verteidiger des weiter als einen Paßweg vom Ballbesitzer entfernten Angreifers sinkt von seinem Gegenspieler ab, um nur einen kurzen Weg zur Ballseite zu haben.
Er tut das,
– damit eine eventuelle Hilfe nicht zu spät kommt, und
– damit er ausreichend Zeit hat, um auf Bewegungen seines »Mannes« zum Ball hin (Schneiden zum Ball) reagieren zu können.

Cut-Defense

Spielsituation
Ein Angreifer ohne Ball läuft von der Weak-Side zum Ball oder zum Korb. Eine solche Aktion nennt man Cut oder Schneiden. Der Satz »Von einem Angreifer ohne Ball geht keine große Gefahr aus« stimmt in diesem Fall überhaupt nicht, denn es handelt sich um einen Angreifer, der im nächsten Augenblick im Ballbesitz sein wird, und das meistens auch noch in einer gefahrbringenden Position! Die meisten Cuts führen durch die Zone, so daß der schneidende Angreifer – wenn gegen ihn nicht äußerst konsequent verteidigt wird – frei in der Nähe des Korbes angespielt werden kann. Höchste Alarmstufe! Die vordringlichste Aufgabe eines jeden Verteidigers muß es also sein, dieses Schneiden zum Ball zu unterbinden. Die für diesen Fall zu wählende Form der Verteidigung nennt man »Cut-Defense«.

So spielt man Cut-Defense
● Der zuständige Verteidiger versucht, den Angreifer so abzuschirmen, daß ein Anspiel nicht möglich ist. Dazu

Defense

Cut-Defense. Versucht ein Angreifer, zum Ball zu schneiden, so muß der Verteidiger möglichst am Zonenrand Kontakt mit ihm aufnehmen. Er befindet sich dann zwischen dem Ball und seinem Angreifer und verhindert ein direktes Anspiel.

schließt er den direkten Paßweg. Dabei kommt es auf den richtigen Augenblick an. Der Paßweg wird dann geschlossen, wenn der anfangs noch *zwei* Paßwege entfernte Angreifer nur noch *einen* Paßweg entfernt ist. In solchem Falle wird ja generell im Deny verteidigt (s. »Deny-Defense«).

• Als zweite Maßnahme ist es sinnvoll, den schneidenden Angreifer, dessen Bewegung meist zielgerichtet zum Ball hin geht, aus dem gewählten Laufweg zu drängen. Doch Achtung: Die Gefahr eines Fouls ist hierbei recht groß. Das Abdrängen darf also nicht als körperliches Wegschieben erfolgen, sondern durch kluges Versperren des gewünschten Laufweges. Das Abdrängen soll vor allem verhindern, daß der Angreifer einen direkten Block stellen kann.

Blockbekämpfung

Spielsituation
Spielt die verteidigende Mannschaft **Mann-Mann-Verteidigung**, so ist das Blockstellen ein häufig angewandtes Mittel der Angreifer, um sich der Manndeckung zu entziehen.

Welche Gegenmittel stehen den Verteidigern zur Verfügung, um das Blockstellen unschädlich zu machen?

1. **Verhindern eines Blocks.** Das wirksamste Mittel gegen einen direkten Block ist, ihn gar nicht erst zustande kommen zu lassen. Dazu versperrt man dem Spieler, der den Block stellen will, den Laufweg.

2. Kommt es doch zum Block, so hilft der Verteidiger des Blockstellers seinem Mitspieler, indem er den **Block ansagt**. Der Zuruf »Block rechts« oder »Block links« reicht aus.

3. Gelingt es den Angreifern, einen Block zu stellen, ist die beste Methode der Blockbekämpfung **»Over the top«**. Hierbei verändert der Verteidiger in dem Moment, in dem er geblockt werden soll, seine Position so, daß er trotz des Versuchs eines Blocks mit seinem Angreifer über den Block (vor dem Block vorbei) gehen kann. Damit ist der Block so bekämpft, als wäre er nicht gestellt worden.

4. Eine weitere Möglichkeit ist die sogenannte **Blockrolle**. Hierbei rollt der Verteidiger »über den Rücken« (hinter dem Block) des Blockstellenden ab, um so nach dem Block

»Over-the-Top« – *die wirksamste Methode der Blockbekämpfung:*

Mann-Mann-Verteidigung / Blockbekämpfung

▼

Der Verteidiger geht über den Block mit seinem Angreifer mit.

wieder bei seinem Angreifer verteidigen zu können. Hierbei ist er allerdings für die Dauer des Blocks durch den Blocksteller von seinem Angreifer getrennt, was dieser für einen freien Wurf nutzen kann. Zudem verliert der Verteidiger während der Körperdrehung seinen Angreifer kurzfristig aus den Augen.

5. Die einfachste Möglichkeit für die Verteidiger, einen Block zu bekämpfen, besteht im sogenannten **»Switchen«**. Hierbei tauschen die beiden beteiligten Verteidiger die ihnen zugeordneten Angreifer. Das Switchen birgt aber die Gefahr eines »Mis-Matchs«. Es kann also durch das Tauschen der Angreifer dazu kommen, daß körperlich kleine Verteidiger sich gegen besonders hochgewachsene Angreifer behaupten müssen.

***Blockrolle.** Der Verteidiger dreht sich hinter dem Blocksteller um seine eigene Achse. Dadurch kommt er hinter dem Block wieder vor seinen Angreifer.*

Mann-Mann-Verteidigung / Blockbekämpfung 95

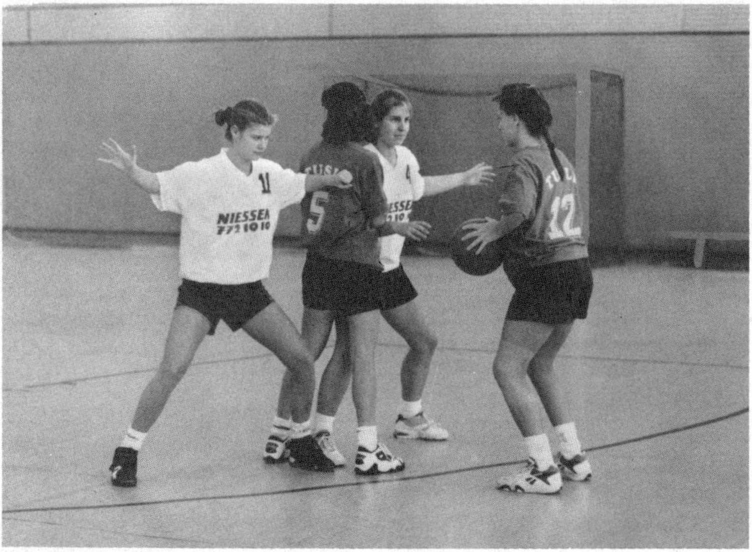

Mann-Mann-Verteidigung / Blockbekämpfung

Switchen – *die Verteidiger tauschen ihre Angreifer. Bringt bei der Blockbekämpfung meist Erfolg. Allerdings kann es dabei zum sogenannten Miss-Match kommen.*

Ball-Raum-Verteidigung

Anders als bei der Mann-Mann-Verteidigung sind den Verteidigern keine direkten Gegenspieler zugeordnet, sondern ein Verteidiger ist für einen bestimmten Aktionsraum verantwortlich. Die Lage und die Begrenzung dieses Raumes sind nicht schematisch festgelegt und schon gar nicht durch Linien markiert, sondern sie ergeben sich aus der Position des Spielers in der gewählten Abwehrformation, aus den Positionen seiner Mannschaftskameraden und verändern sich in Abhängigkeit vom aktuellen Ort des Balles.

Der Spieler verteidigt seinen Raum gegen jeden Angreifer, der in dieses Areal eindringt. Ball-Raum-Verteidigung sind sehr kompakte Formationen. Allerdings kann es besonders an den Grenzen der Verantwortungsbereiche zu Mißverständnissen zwischen den Verteidigern hinsichtlich der Zuständigkeit kommen.

Das Fehlen einer klaren Zuordnung der Verteidiger zu bestimmten Angreifern kann sich in manchen Situationen

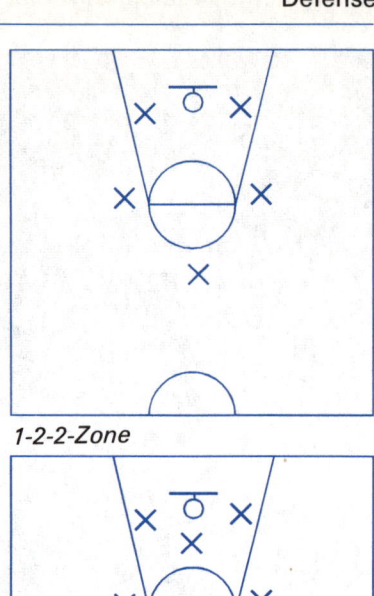
1-2-2-Zone

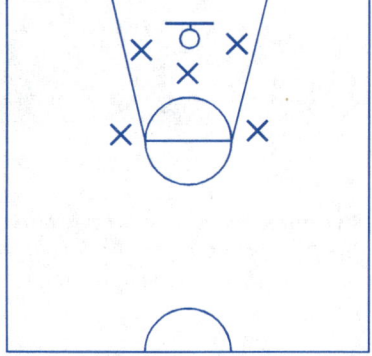
2-1-2-Zone

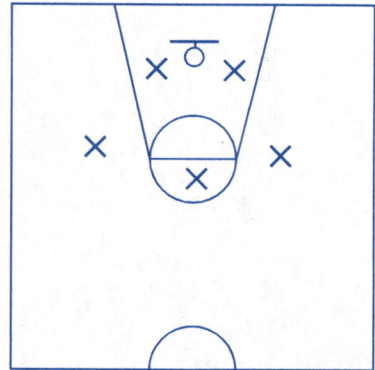

Ball-Raum-Verteidigung

2-3-Zone

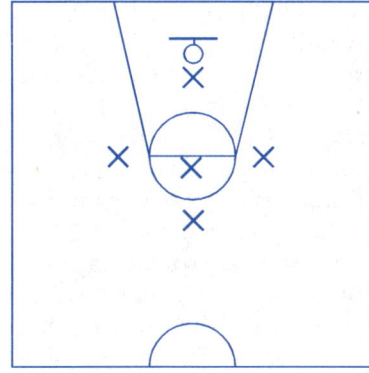

1-3-1-Zone

◀ *3-2-Zone*

nachteilig auswirken. Das wird vor allem beim Ausblocken in Reboundsituationen deutlich, da sich jeder Verteidiger in kürzester Zeit erst einen Gegenspieler zum Ausblocken suchen muß.
In welcher räumlichen Anordnung die fünf Verteidiger ihre Abwehrarbeit organisieren, hängt in starkem Maße ab
— von der Angriffsformation des Gegners (vgl. S. 35 f.),
— von den besonderen Stärken oder Schwächen der gegnerischen Mannschaft,
— von der eigenen Spielkonzeption (z. B. vorrangig Korbsicherung oder aggressives Stören des Spielaufbaus).

Übernehmen eines Angreifers

Schwierig wird es dann, wenn ein Angreifer vom Aktionsraum des einen Verteidigers in den eines anderen Verteidigers wechselt. Wie wird die lückenlose Deckung gegen diesen Angreifer gesichert? Das Prinzip der Ball-Raum-Verteidigung »Jeder Spieler ist für seinen Aktionsraum verantwortlich« erfordert, daß in dem genannten Fall der Angreifer vom benachbarten Verteidiger übernommen werden muß, wenn er in dessen Aktionsraum eindringt. Da die Grenzen der Aktionsräume aber nicht sichtbar markiert sind, kann es beim Übergeben/Übernehmen leicht zu Mißverständnissen, zu einer kurzzeitigen Verteidigungslücke kommen. Das wissen natürlich auch die Angreifer, die sich einer Ball-Raum-Verteidigung gegenübersehen, und versuchen, gefährliche Aktionen bewußt an die Nahtstellen zwischen zwei Zuständigkeitsbereichen von Verteidigern zu verlegen.

> Zur Ball-Raum-Verteidigung gehört, daß ein Angreifer, der vom Aktionsraum eines Verteidigers in den des benachbarten Verteidigers wechselt, von diesem übernommen wird. Das Übergeben/Übernehmen muß meist bei hohem Spieltempo erfolgen und erfordert besondere Aufmerksamkeit seitens der beteiligten Verteidiger.

Ausrichten zum Ball

Bei einer Ball-Raum-Verteidigung starten die Spieler zwar aus einer festen Formation, doch mit jedem Paß, jedem Dribbling müssen sie ihre Raumaufteilung auf die veränderte Situation einstellen. Das erfordern auch die Verteidigungs-Prinzipien:

- enges Decken des ballführenden Angreifers,
- Schließen der kurzen Paßwege,
- ständiges Im-Auge-Behalten aller Gegner.

Das sind anspruchsvolle Anforderungen, denn all diese Aufgaben müssen von immer anderen Verteidigern erfüllt werden. Zudem sind diese Aufgaben auch gegen immer andere Angreifer zu lösen. Mit einer starren Aufstellung wäre das nicht möglich. Also richtet sich der Verteidigungsverbund ständig neu aus.

Der »magische Pol«, der die Umgruppierung der Spieler erzwingt, ist die jeweilige Position des Balles. Die Grundaufstellung – auch wenn sie immer wieder aufgegeben wird und in ihrer reinen Form fast nie zu erkennen ist – wirkt als der stabilisierende Ordnungsrahmen.

Ball-Raum-Verteidigung

Die Ball-Raum-Verteidigung trägt diese Bezeichnung zu Recht, denn sie ist eine Raumverteidigung, bei der sich die tatsächlichen Positionen der Verteidiger maßgeblich an der jeweiligen Position des Balles orientieren.

Kommunikation

Zwar können eingespielte Mannschaften in hohem Maße auf »blindes Verstehen« der Spieler untereinander vertrauen, aber ein reibungsloses Zusammenspielen von fünf Spielern, die doch sehr verschiedene Persönlichkeiten sind, ist ohne Abstimmung nicht möglich. Verständigen muß man sich, wenn Gefahr (z. B. im Rücken eines Mitspielers) droht, wenn in Sekundenschnelle eine Entscheidung gefällt werden muß (z. B. darüber, wer jetzt die Verantwortung für die Lösung eines Problems übernimmt) oder wenn es um eine Aktion geht, bei der zwei Spieler das Wann, Wo und Wie genau koordinieren müssen (z. B. Ausblocken). Die am häufigsten verwendete Form der Kommunikation sind **Zurufe**. Besonders beim Verteidigen in einer Ball-Raum-Verteidigung ist es – neben den akustischen Signalen, die auch bei der Mann-Mann-Verteidigung gebräuchlich sind – notwendig, sich mit Worten zu verständigen. Läuft zum Beispiel ein Angreifer durch die Zuständigkeitsbereiche mehrerer Verteidiger, wird der Angreifer angesagt, so daß der nun zuständige Verteidiger von dessen Anwesenheit weiß. Es kann ja sein, daß der Angreifer sich nicht im Gesichtsfeld des nun geforderten Verteidigers aufhielt. Gleichermaßen üblich sind Signalworte wie »Wurf« oder »Shot« als Aufforderung zum Ausblocken, wenn ein Angreifer zum Korbwurf ansetzt. Mit den Zurufen werden dem Gegner meist keine »Betriebsgeheimnisse« verraten. Zuweilen dient die Kommunikation aber auch **Absprachen, in die der Gegner nicht eingeweiht werden soll**. Das können zum Beispiel verschiedene Aktionen bzw. Varianten der Verteidigung und des Angriffs sein. Sie werden durch vorher verabredete **Fingerzeichen** oder Worte signalisiert. Diese Zeichen sind von Mannschaft zu Mannschaft verschieden.

Mischformen der Verteidigung

Welche Art der Defense eine Mannschaft wählt, hängt von ihren eigenen Möglichkeiten ab, aber ebenso auch von den Stärken und Schwächen des Gegners. So kann durchaus der Fall eintreten, daß sich sowohl die reine Mann-Mann-Verteidigung als auch die Ball-Raum-Verteidigung als wenig zweckmäßig erweisen.
Nicht selten muß sich eine Mannschaft fragen: Welche Mittel gibt es zum Beispiel gegen eine Mannschaft, in der zwei überragende Spieler stehen, die mit ihren Aktionen durchaus ein Spiel entscheiden können? Keine der »klassischen« Verteidigungsarten bietet für diesen Fall optimale Bedingungen. Der Ausweg könnte in der **Kombination von Elementen der Mann-Mann-Verteidigung mit solchen der Ball-Raum-Verteidigung** bestehen.
Eine solche kombinierte Verteidigung wird meist angewendet, um einzelne Spieler des Gegners unter besondere Bewachung zu stellen und damit ihren Wirkungskreis deutlich einzuengen.

Beispiel:

Drei Verteidiger sichern mit Ball-Raum-Verteidigung den Korb, während zwei Spieler als Manndecker abgestellt sind.

Je nachdem, ob ein oder zwei Spieler als Manndecker fungieren und in welcher Formation die Ball-Raum-Verteidigung aufgebaut wird, trifft man in der Praxis verschiedene **Varianten der kombinierten Verteidigung** an:
Box-and-1: Vier Verteidiger stehen 2-2 in einer Ball-Raum-Verteidigung, während der fünfte Verteidiger Manndeckung spielt.
Diamant-and-1: Vier Verteidiger verteidigen den Raum in 1-2-1-Formation, der fünfte deckt Mann.
Triangle-and-2: Drei Verteidiger stehen in Dreiecksform (1-2) während zwei Manndeckung spielen.

Allen Formen der kombinierten Verteidigung ist gemeinsam: Die besonders gefährlichen Angreifer werden verstärkt gedeckt, während die anderen den Korb sichern und dabei stets für einen wirksamen Defensivrebound zur Verfügung stehen.

Drei Grundtechniken des Verteidigers

Bestimmte Abwehrmittel in der Verteidigung sind typisch für die Mann-Mann-Verteidigung (z. B. Blockbekämpfung), andere dagegen sind nur in der Ball-Raum-Verteidigung sinnvoll (z. B. Übernehmen des Angreifers). Aber natürlich gibt es auch ein Repertoire an grundlegenden Abwehrtechniken und -verhaltensweisen, die an keine bestimmte Form der Defense gebunden sind. Sie gehören zum Abc des Abwehrspielers.

Korbwurf stören

Es ist ein Grundprinzip jeglicher Abwehrarbeit, die Angreifer nicht ungehindert auf den Korb werfen zu lassen. Angesichts der Tatsache, daß die unaufhaltsam ablaufende Angriffszeit die Angreifer unter Zeitdruck setzt, bekommt das Stören beim Korbwurf aber noch einen zusätzlichen Sinn: Innerhalb der 30-Sekunden-Angriffsperiode muß auf den Korb geworfen werden, aber ein Wurf unter ungünstigen Bedingungen, zum Beispiel gegen einen wirksam störenden Verteidiger, beschwört die Gefahr eines Fast-Break nach verlorenem Offensivrebound herauf. Durch konsequentes Stören beim Korbwurf wird der Angreifer in die Situation gedrängt, auch unter sehr ungünstigen Bedingungen einen Korbwurf riskieren zu müssen.

Auch wenn du den Korbwurf nicht wirklich verhindern oder den Ball umlenken kannst, solltest du unbedingt den Werfer stören – er wird damit in seiner Konzentration gestört, und nicht selten bricht er sogar den Wurfversuch ab.

So wird beim Korbwurf gestört

● Grundsätzlich sollte der Verteidiger am Ballbesitzer einen Arm erhoben haben. Damit zwingt er den Angreifer, über den hochgereckten Arm zu werfen, was ihn zumindest irritiert.

● Auf keinen Fall springt der Verteidiger am Ballbesitzer mit. Zum einen ist die Foulgefahr zu groß, zum anderen büßt der Verteidiger so die Chance ein, den Angreifer auszublocken. Und drittens ist er unweigerlich geschlagen, wenn es sich lediglich um eine Wurffinte gehandelt hat.

Stuffen (Blocken)

> Stuffen ist eines der Mittel des Verteidigers, um einen Korbwurf zu verhindern: Er versucht, den Ball, nachdem er die Hand des Werfers verlassen hat, aus seiner Wurfbahn zu lenken.

Um regelgerecht zu stuffen (blocken), bedarf es nicht nur einer ausreichenden Körperhöhe des Verteidigers sowie gut ausgebildeter Sprungkraft, sondern auch eines exzellenten Timings. Das aber erwirbt der Spieler nur durch häufiges, konzentriertes Üben.

So wird gestufft
- Das Schlagen nach dem Ball muß geschehen, solange der Ball sich noch in der aufsteigenden Phase seiner Flugbahn befindet.
- Der Verteidiger springt erst, nachdem der Werfer tatsächlich abgesprungen ist.
- Beim Versuch zu stuffen, muß der Verteidiger Körperkontakt mit seinem Gegenspieler vermeiden, da das als Foul bestraft würde.

Taktisch richtiges Verhalten beim Stuffen
Es ist für das Verhalten des Verteidigers ein wichtiger Unterschied, ob der Angreifer vor dem Korbwurfversuch bereits ein Dribbling ausgeführt hat oder nicht.
- Ist dem zum Korbwurf ansetzenden Angreifer noch ein Dribbling möglich, darf der Verteidiger nicht ganz so dicht an ihn herantreten (Faustmaß: eine Armlänge Abstand), denn es könnte sich ja um eine Wurffinte mit anschließendem Dribbling handeln.
- Hat der Angreifer bereits ge-

Stuffen. *Der Verteidiger erreicht im Sprung den gerade abgeworfenen Ball und lenkt ihn um.*

dribbelt, wählt der Verteidiger einen kürzeren Abstand zum Werfer. Er steht ihm beinahe »auf den Füßen«, um den Spielraum des Angreifers so klein wie möglich zu halten.

Ausblocken

Unter **Ausblocken** versteht man das »Auf-den-Rücken-Nehmen« eines Angreifers, um so den vom Brett oder Ring zurückspringenden Ball selbst fangen zu können und gleichzeitig den Angreifer daran zu hindern, dasselbe zu tun. **Auf-den-Rücken-Nehmen** ist natürlich nicht wörtlich gemeint, sondern der Verteidiger drängt sich mit seinem Rücken ganz nah an den Angreifer.

Spielsituation

Immer wenn ein Angreifer auf den Korb wirft, gilt es für die Verteidiger, sich im Falle eines Fehlwurfes den Defensivrebound zu sichern. Da aber auch die Angreifer dem Ball nachsetzen, können die Verteidiger ihre Chancen erhöhen, indem sie den Angreifern das Erreichen des zurückspringenden Balles unmöglich machen oder zumindest erschweren, und zwar durch Ausblocken.

So wird ausgeblockt

● Wichtig ist, mit dem Rücken den Kontakt zum Gegner aufrechtzuerhalten, da man ihn und seine Aktionen ja nicht sehen kann. Wer nicht sehen kann, muß fühlen.

● Der Verteidiger muß rückwärts »arbeiten«, um seinen Angreifer möglichst aus der Zone zu drängen. Damit will man verhindern, daß ein langer Angreifer über einen kleineren Verteidiger hinweg den Ball erreicht.

● Der Verteidiger hält seinen Schwerpunkt tief (s. »Grundstellung Defense«), um möglichst stabil zu stehen, denn er muß in der Lage sein, das Drängen eines Angreifers abzuwehren.

Varianten des Ausblockens

Je nach Position des Angreifers müssen die Verteidiger **verschiedene Techniken** des Ausblockens anwenden.

● Die einfachste Methode ist das **Ausblocken des Korbwerfers**. Nachdem dieser wieder gelandet ist, dreht sich der Verteidiger, der eben noch versucht hatte, den Korbwurf zu verhindern, mit zwei

Grundtechniken des Verteidigers

*Situation vor dem Korbwurf. Die folgende Reboundsituation erfordert von den Verteidigern das **Ausblocken**.*

Ausblocken

Ausblocken am Werfer. *Es beginnt erst, wenn der Angreifer nach seinem Wurf wieder gelandet ist.*

Grundtechniken des Verteidigers

Ausblocken aus dem Deny. *Der Verteidiger dreht sich um seinen näher am Korb stehenden Fuß vor den Angreifer.*

schnellen Schritten um 180° und steht so mit dem Rücken am Angreifer.

● **Ausblocken aus dem Deny.** Aus dem Deny wird mit lediglich einem Schritt ausgeblockt. Der eben noch zwischen Ball und Angreifer stehende Verteidiger braucht nun den Paßweg nicht mehr zu schließen, sondern muß jetzt so schnell wie irgend möglich zwischen Angreifer und Korb kommen, um einen Offenserebound seines Gegenspielers zu verhindern. Dies erreicht er mit einer einfachen Körperdrehung von 225 Grad um sein hinteres, dem Korb näher stehendes Bein, um dann wieder mit dem Rücken zu dem Angreifer, diesmal aber vor ihm, zu stehen und so unmittelbaren Kontakt mit ihm zu halten.

● Schwierig zu erlernen ist das **Ausblocken aus der Hilfe**. Da der Verteidiger von seinem Gegenspieler abgesunken ist, besteht kein Körperkontakt. Ein einfaches Umdrehen zum Korb, um den Ball im Blickfeld behalten zu können, reicht nicht aus, da so der Verteidiger jegliche Kontrolle über seinen Gegenspieler verliert. Somit muß es seine erste Aufgabe sein, Kontakt zum Gegenspie-

Arten des Ausblockens

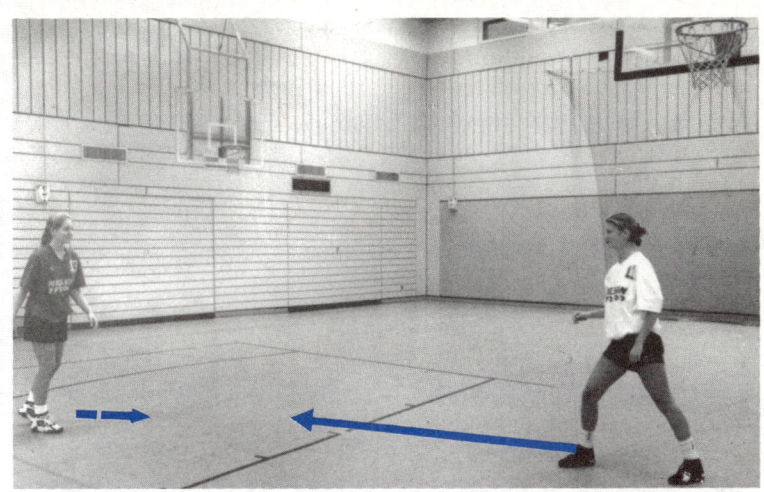

Ausblocken aus der Hilfe. *Der Verteidiger muß rechtzeitig zu seinem Angreifer hingehen oder -laufen, um Körperkontakt aufnehmen zu können.*

Hat der aus dem Deny kommende Verteidiger seinen Angreifer gestellt, dreht sich der Verteidiger mit der gleichen Technik vor seinen Angreifer, mit der auch am Werfer ausgeblockt wird.

ler herzustellen. Er bewegt sich als erstes auf seinen Gegenspieler zu, also weg vom Korb, um dann im Moment des Kontaktes mit derselben Technik, die uns vom Ausblocken am Werfer vertraut ist, seinen Gegenspieler auszublokken.

Das Ausblocken ist nur dann wirklich erfolgreich, wenn alle fünf Verteidiger um ihre richtigen Positionen bemüht sind. Blocken nur einzelne Spieler aus, so bestehen auch nur geringe Chancen, den Defenserebound zu erkämpfen.

- **Ausblocken bei Ball-Raum-Verteidigungen.** Es ist dadurch erschwert, daß es keine klare Zuordnung der Angreifer gibt. Jeder Verteidiger muß sich erst einen Angreifer suchen. Dies wird zusätzlich erschwert, wenn sich, wie meistens, mehr als ein Angreifer im Zuständigkeitsbereich eines Verteidigers befindet. Hier können die Verteidiger nur Erfolg haben, wenn sie sich abstimmen, indem sie miteinander reden. Reden ist auch im Moment des Wurfes wichtig, indem der Verteidiger am Ball mit einem Signalwort (z. B. »Wurf«) seinen Mitspielern den Beginn des Ausblockens mitteilt.

Spiel in der Transition-Offense

Im Gegensatz zum Set-Play, bei dem auf Pfiff des Schiedsrichters eine Mannschaft ihren Angriff aufbaut, während die andere Mannschaft ihre Abwehr bereits organisiert hat, können sich im Spielverlauf – mehr oder weniger überraschend – auch völlig andersgeartete Situationen für das Angriffsspiel ergeben. Die Verhältnisse sind in beiden Fällen so verschieden, daß es gerechtfertigt ist, beide Arten von Angriffsspiel getrennt zu behandeln.

Eine solche schlagartige Veränderung der Spielsituation liegt in der Luft, wenn die ballbesitzende Mannschaft ihren Angriff mit einem Korbwurf abschließt.

Trifft der Ball nicht in den Korb und erkämpft die verteidigende Mannschaft den Defensivrebound, so ist die bisherige Spielsituation mit einem Mal auf den Kopf gestellt: Die bisherigen Verteidiger sind plötzlich Angreifer, während die bisherigen Angreifer, gerade noch ganz auf Offensive eingestellt, nun ihren Korb verteidigen müssen.

Aus diesem plötzlichen Rollentausch ergeben sich für die nun ballbesitzende Mannschaft Angriffsbedingungen, wie sie im Set-Play nicht vorkommen.

Fast-Break

Die erste Alternative bei plötzlichem Wechsel des Ballbesitzes ist für die nunmehrigen Angreifer ein Fast-Break (Schnellangriff).

Outlet-Paß

Eingeleitet wird der Fast-Break nach erfolgreichem Defensivrebound mit dem Outlet-Paß.

Spielsituation
In dem Moment, da sich die bisher verteidigende Mann-

schaft den Defensivrebound sichert, steht ihr noch keine organisierte gegnerische Abwehr gegenüber, denn die Gegenspieler waren ganz auf das Erkämpfen des Rebounds eingestellt und haben sich noch nicht umorientiert. Für sehr kurze Zeit bieten sich weite freie Räume in der gegnerischen Spielfeldhälfte, die ein schnelles Vorstoßen zum Korb erlauben. Diese Chance zu einem Fast-Break sollte, wenn irgend möglich, genutzt werden. Das Nutzen dieser Chance läuft auf einen Wettlauf mit der gegnerischen Abwehr hinaus, für dessen Ausgang die Geschwindigkeit, mit der der Ball das Feld überbrückt, eine entscheidende Rolle spielt.

> Grundsätzlich ist ein Passen – im Vergleich zum Dribbeln – stets die schnellere Form des Ballvortrags.

Wenn die Angreifer schon einen anspielbereiten, in Richtung des gegnerischen Korbes vorgeschobenen Spieler postiert haben, sind sie bei diesem »Wettlauf« deutlich im Vorteil.

Mit dem Outlet-Paß beginnt der Fast-Break

Zunächst muß der Ball aus dem Getümmel von Mit- und Gegenspielern, die noch im korbnahen Raum sowie im Mittelfeld konzentriert sind, herausgebracht werden. Dieser befreiende erste Paß, der die Grundlage für nachfolgende schnelle und präzise Pässe ist, wird Outlet-Paß genannt. Hauptverantwortlich für den sich an den Outlet-Paß anschließenden Ballvortrag ist, wie in ähnlichen Situationen auch, der Aufbauspieler. An ihn soll der Outlet-Paß gehen. Um den Fast-Break einleiten zu können, bietet er sich außerhalb der Zone, möglichst am Seitenrand des Feldes, und auch schon in Spielrichtung ausgerichtet, an, um den nun relativ einfach zu spielenden Outlet-Paß empfangen zu können.

Outlet-Paß. Nach dem Erkämpfen des Defensivrebounds muß der Ball zunächst aus dem Spielerknäuel unter dem Korb gebracht werden. Nachdem der Ball gesichert wurde, dreht sich der Spieler mit Ball zur Seitenlinie und spielt den Outlet-Paß zum dort bereitstehenden Mitspieler.

Einleiten des Fast-Break

Tips:
- Sei beim Kampf um den Rebound darauf eingestellt, schnellstens auf Angriff umzuschalten!
- Schon beim Fangen des Rebounds muß dir bewußt sein, wo der Aufbauspieler steht, der auf den Outlet-Paß wartet.
- Sicherheit bei der Ballbehauptung ist ebenso wichtig wie Schnelligkeit des Abspiels – ein Ballverlust in so aussichtsreicher Situation muß unter allen Umständen vermieden werden.

Ballvortrag und Abschluß des Angriffs

Die Prinzipien, nach denen der Fast-Break ausgeführt wird, lassen sich mit drei Begriffen umreißen:
- schnell
- sicher
- taktisch klug.

Mit der dritten Anforderung ist in erster Linie gemeint, daß den Verteidigern durch kluge Raumaufteilung und überlegte Pässe die Abwehr des Fast-Break stark erschwert wird.
Die Angreifer gehen von einer gedachten Einteilung des Feldes in drei Spuren in Längsrichtung aus. Der Ball sollte nach dem Outlet-Paß wieder in die Mittelspur gebracht werden, da von hier aus ein Zuspiel nach links oder nach rechts, aber auch ein Dribbling auf den Korb zu möglich sind.

Für die Angreifer bedeutet das: Die beiden äußeren Spuren müssen ebenfalls von Angreifern besetzt sein, damit ein Zuspiel überhaupt möglich ist. Damit sind drei Angreifer schon fest in den Fast-Break integriert.

Treffen die Angreifer in der gegnerischen Zone auf eine Verteidigung in Unterzahl, so sollten sie ihre Überzahl resolut nutzen, bevor die restlichen Verteidiger zurückgelaufen sind.

Der mittlere Angreifer sollte auf Höhe der Freiwurflinie abstoppen, um immer wieder anspielbereit zu sein und vor allem die Zone durch seine Anwesenheit nicht noch voller zu machen.

Die beiden übrigen Angreifer werden als »Trailer« bezeichnet. Ihre Aufgabe ist es, nach der ersten Welle des Schnellangriffs über die Freiwurflinie zum Korb zu schneiden, um

Early Offense

entweder bei immer noch bestehender Unterzahlverteidigung einfache Punkte am Brett zu erzielen oder aber direkt zum Offensivrebound zu gehen, falls ein Mitspieler einen Korbwurf versucht.

> **Tips:**
> - Beim Ballvortrag beim Fast-Break sollten nach Möglichkeit drei Spieler zusammenwirken.
> - Wird beim Ballvortrag die Mittelspur bevorzugt, haben die Verteidiger geringere Chancen für eine erfolgreiche Abwehr.

Early Offense (Secondary Break)

Spielsituationen

Die Intensität der Verteidigung während des maximal 30 Sekunden dauernden Ballbesitzes der Angreifer ist nicht über die gesamte Periode gleich stark. Hat die Transition-Defense (vgl. S. 78 ff.) in Unterzahl den gegnerischen Fast-Break gestoppt, ist die erste »Angriffswelle« dieser Angriffsperiode überstanden.

Nachdem die Verteidiger nun ihre Gegenspieler im Spiel Mann gegen Mann angenommen oder ihre Positionen innerhalb einer Ball-Raum-Verteidigung eingenommen haben, verteidigen sie im Verbund, und ihre Anstrengungen werden mit jeder abgelaufenen Sekunde intensiver – im Wissen, daß spätestens nach knapp 30 Sekunden ein Korbwurf versucht werden muß.

Taktische Prinzipien für die Early Offense

Der Zeitpunkt also, zu dem eine Verteidigung nach dem Überzahlspiel während des Fast-Breaks verwundbar ist, ist jene Phase, da sich die fünf Verteidiger noch organisieren, nachdem ein Überzahlspiel gestoppt wurde. Zu diesem Zeitpunkt haben die Verteidiger entweder ihre Gegenspieler noch nicht eng markiert oder die ihnen zugedachten Positionen noch nicht besetzt. Hat eine Mannschaft ein Gespür für diesen Zeitpunkt, so reichen kleine taktische Manöver, wie zum Beispiel ein Back-Door-Block, um ohne größere Anstrengung zum Korberfolg zu kommen.

Angriff gegen Zonen-Presse

Spielsituation
In bestimmten Situationen erhält das Ziel, in der Defense frühzeitig den Ball zu erkämpfen, erhöhte Bedeutung, beispielsweise wenn eine Mannschaft einen Rückstand aufholen möchte.
Eine Möglichkeit, erhöhten Druck in der Defense zu erzeugen, besteht darin, die Ball-Raum-Verteidigung (Zonenverteidigung) mit Elementen der Preß-Verteidigung (einer aggressiven Variante der Mann-Mann-Verteidigung) zu kombinieren.
So kommt es zur Zonen-Presse. Wie bei den anderen Zonen-(Ball-Raum-)Verteidigungen auch, haben die Verteidiger feste Positionen, von denen aus bestimmte Räume des Spielfeldes abgedeckt werden.
Das Besondere der Zonen-Presse besteht darin, daß der jeweilige Ballbesitzer von zwei Verteidigern gedeckt und attackiert wird. Der ohnehin zuständige Verteidiger erhält also noch Verstärkung von einem benachbarten Mannschaftskameraden.
In den meisten Fällen wird Zonen-Presse gespielt, nachdem ein Korberfolg erzielt wurde. Die nun verteidigende Mannschaft braucht erst eine gewisse Zeit, um die Abwehr zu formieren, bekommt diese Zeit meist auch durch den Einwurf von der Grundlinie des Gegners ausreichend zur Verfügung gestellt.
Zonen-Presse kann über das gesamte Feld oder nur über das Vorfeld der angreifenden Mannschaft (Halbfeld-Presse) gespielt werden.
Ganzfeld-Presse wird in zwei Arten unterteilt: Entweder versuchen die Verteidiger eine Zonen-Presse oder eine Mann-Mann-Presse.

So kann man erfolgreich gegen Zonen-Presse angreifen
Die nun angreifende Mannschaft kann ihre Chancen gegen eine drohende Zonen-Presse des Gegners dadurch erhöhen, daß sie in ihrem

Angriff gegen Zonen-Presse

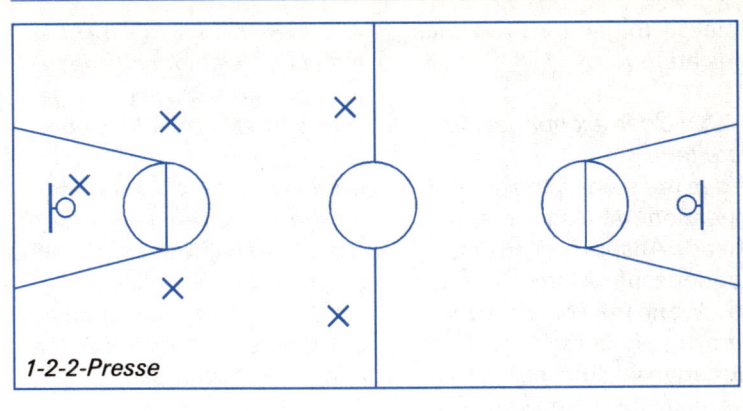

1-2-2-Presse

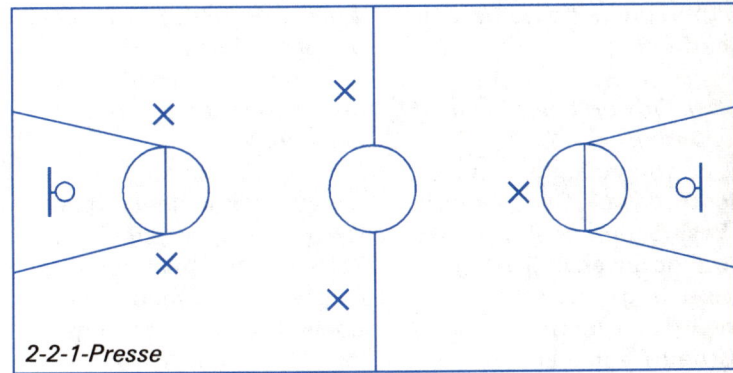

2-2-1-Presse

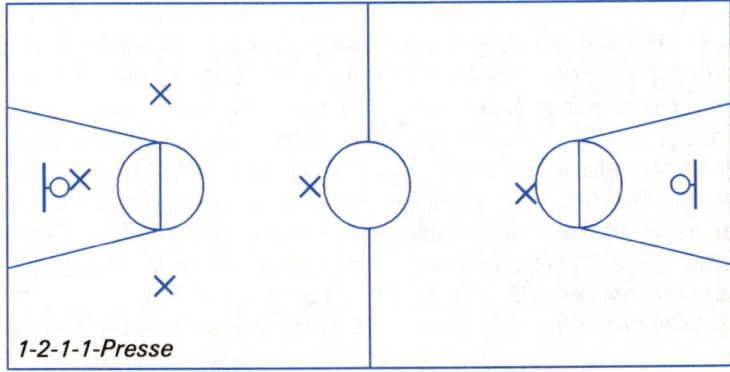

1-2-1-1-Presse

Spiel die folgenden **Prinzipien** beachtet:

- *Den Überraschungseffekt vereiteln.*

In den meisten Fällen gehen einer Zonen-Presse entsprechende Absprachen in der gegnerischen Mannschaft voraus. Wenn man bewußt auf derartige Absprachen achtet, wird man von dieser Maßnahme nicht überrascht, und die Waffe »Zonen-Presse« ist entschärft.

- *Den Einwurf betont schnell ausführen.*

Die nun angreifenden Spieler wissen, daß die Gegner erst ihre Positionen einnehmen müssen. Eine unverzügliche Spielfortsetzung durch schnellen Einwurf von der Grundlinie läßt dem Gegner aber keine Zeit, sich zu formieren.

- *Hauptgrundsatz: Gegen Zonen-Presse nicht dribbeln, sondern diese mit Pässen »knacken«.*

Wenn der Ball mit schnellen, kurzen Pässen durch die Reihen der Angreifer wandert, ist es den Verteidigern quasi unmöglich, den jeweiligen Ballführer zu doppeln.

- *Den Ball möglichst nicht nur auf einer Spielfeldseite nach vorn bringen, sondern die gesamte Breite des Feldes nutzen.*

Damit vereiteln die Angreifer den Versuch, den Ballführer zu einer Seitenlinie abzudrängen, um dort, die Seitenlinie nutzend, dem Angreifer lediglich ein Abspiel in Richtung Spielfeldmitte zu erlauben.

- *Das Rückfeld mit schnellen, möglichst kurzen Pässen* (da diese nicht so leicht abgefangen werden können) *überbrücken.*

Somit muß kein Angreifer gegen zwei Verteidiger dribbeln. Die zur Verfügung stehende Zeit von zehn Sekunden wird nicht voll ausgeschöpft – die Zonen-Presse ist wirkungslos.

Wie bringen sich die restlichen Angreifer ohne Ball in Positionen, wo sie angepaßt werden können? Wirksamstes Mittel ist das Laufen in Bereiche, die von keinem Verteidiger abgedeckt werden, oder zu Stellen, an denen sich die Verantwortungsbereiche zweier Verteidiger überschneiden.

Da viele Zonen-Pressen den Einwurf von der Grundlinie in

eine der beiden Spielfeldecken erlauben, sollen die Angreifer diesen Umweg zielstrebig nutzen, um mit dem zweiten, kurzen Paß den Ball wieder in die Mitte des Spielfeldes zu bringen. Der Spieler, der sich dort anbietet, erhöht die Chancen auf ein erfolgreiches Zuspiel, indem er von hinten zum Ball schneidet – in der Weise, daß er seinen Cut außerhalb des Blickfeldes des zuständigen Verteidigers startet.

Nachdem er den Ball zugepaßt bekommen hat, darf er auf gar keinen Fall sofort anfangen zu dribbeln, da es infolge der hohen Präsenz von Gegenspielern leicht zum Ballverlust kommen kann. Auch für ihn gilt: erst den Ball sichern – dann zunächst umschauen, bevor er sich in die Spielrichtung dreht, und schließlich mit einem kurzen Paß den Ball aus dem Rückfeld befördern. Womit die Zonen-Presse geknackt ist.

Angriff gegen Mann-Mann-Presse

Spielsituationen
Die gegnerische Mannschaft hat einen Korb erzielt und spielt Mann-Mann-Presse. Meist geschieht dies über das gesamte Feld.
Diese sehr aggressive Form der Verteidigung kann durchaus mit Erfolg bekämpft werden.

So kann man erfolgreich gegen Mann-Mann-Presse angreifen

- Nachdem der Aufbauspieler den Ball erhalten hat, trägt er ihn im Duell 1 gegen 1 mit »seinem« Verteidiger selbst vor.

Die Konsequenz aus dieser Taktik: Ein Aufbauspieler führt nie den Einwurf an der Grundlinie nach Korberfolg des Gegners aus.

- Ein probates Mittel gegen Mann-Mann-Presse besteht darin, den *Einwurf* nach dem Korberfolg des Gegners *sehr schnell* auszuführen – in der Hoffnung, den eigenen Aufbauspieler in Ballbesitz zu bringen, bevor die gegnerischen Spieler ihre Angreifer gefunden haben, was den Einwurf bedeutend erschweren würde. Wird der eigene Aufbauspieler allerdings sofort von seinem aufmerksamen Gegenspieler »zugemacht«, reicht ein einziger *Block am Verteidiger des Aufbauspielers* meistens aus, um diesen anspielbar zu machen.

- Bevor der Aufbauspieler seinen Ballvortrag startet, räumen alle anderen Angreifer das Rückfeld und erreichen damit, daß »ihre« Verteidiger ebenfalls das Rückfeld verlassen.

Damit hat der Aufbauspieler die gesamte Breite des Feldes für den Ballvortrag und kann im Rückfeld auch nicht mehr »gedoppelt« werden, da hierzu die erforderlichen Verteidiger fehlen.

Angriff gegen Mischformen der Verteidigung

Trifft die angreifende Mannschaft auf eine kombinierte Verteidigung (vgl. S. 102), so stehen drei grundlegende Ansätze für die Offense zur Verfügung.

Mit dem Wissen, welcher Angreifer eine besondere Verteidigung erfährt, läßt sich auch in der Offense erfolgreich arbeiten.

Erste Möglichkeit:
Werden die manngedeckten Angreifer auf Höhe der Mittellinie »geparkt«, reduziert sich das restliche Spiel auf ein 4 gegen 4 oder 3 gegen 3. Nun ist es wie beim Eishockey: Dadurch, daß einige Spieler nicht mit angreifen und die ihnen zugeordneten Verteidiger nicht mit verteidigen, ist viel Platz auf dem Feld, und die anderen Angreifer spielen allein Offense.

Zweite Möglichkeit:
Die manngedeckten Spieler greifen auf Positionen an, die schon durch einen in der Ball-Raum-Verteidigung stehenden Verteidiger besetzt sind. Somit kümmern sich zwei Verteidiger – der Manndecker und der Ball-Raum-Verteidiger – um *einen* Angreifer. Der eine kann seine Position nicht verlassen, der andere darf seinen Mann nicht allein lassen, und so befinden sich die restlichen Angreifer in einer Überzahlsituation.

Dritte Möglichkeit:
Da eine kombinierte Verteidigung immer auch darauf abzielt, die als besonders gefährlich eingeschätzten Angreifer gar nicht erst in den Besitz des Balles kommen zu lassen, greifen die so abgeschirmten Angreifer zu Gegenmitteln. Eine solche Gegenmaßnahme ist das **Stellen von Blöcken**, an denen diese Angreifer ihre Manndecker abstreifen.

Vierte Möglichkeit:
Wenn die von Mann-Mann-Verteidigung bedrohten Spieler die **Aufbau-Positionen einnehmen**, sind sie von Anfang

an im Ballbesitz. Allerdings setzt das voraus, daß nach gegnerischem Korberfolg der Einwurf von der Grundlinie schnell ausgeführt wird, bevor der Manndecker seinen Gegenspieler gefunden und den Paßweg geschlossen hat.

Basketball-Begriffe

Absinken: das Sich-Zurückziehen eines Verteidigers von seinem Gegenspieler in Richtung des eigenen Korbes

Aufposten: Anbieten eines Centerspielers am Zonenrand mit dem Rücken zum Korb

Back-Door: »Hintertür« – ein Schneiden zum Korb im Rücken des Verteidigers, der den Angreifer »von vorn« deckt, um ein einfaches Anspiel zu verhindern

Ball-Side: die Angriffsseite, auf der sich der Ball befindet

Cool-Down: kontrolliertes »Abtouren« des Körpers nach körperlicher Anstrengung durch »Auslaufen«, Gymnastik und andere wenig belastende Tätigkeiten

Cut: Schneiden (Hinlaufen) eines Angreifers in Richtung des Balles

Defensivrebound: Sichern eines vom Brett oder Ring zurück ins Feld springenden Balls durch die vorher verteidigende Mannschaft

Deny: Schließen des Paßweges mit einem Arm oder dem gesamten Körper

Early Offense (»früher Angriff«): schneller Korberfolg in der Phase zwischen Fast-Break und Set-Play

Fast-Break: organisierter Schnellangriff, bei dem durch schnelles Überbrücken des Feldes möglichst eine Überzahlsituation erspielt wird, aus der einfache Körbe erzielt werden können

Fronten: Verteidigen eines im Low-Post stehenden Centers von vorn

Give-and-Go: »Doppelpaß« im Basketball

Help-Side: »Hilfe« – Absinken der Verteidiger auf der Weak-Side auf die Korb-Korb-Linie, um bei einem Durchbruch des Angreifers mit Ball im Notfall aushelfen zu können

High-Post: Position eines Angriffsspielers an der Freiwurflinie

Low-Post: Position eines Angreifers am unteren Zonenrand, meistens von einem Centerspieler besetzt, der sich mit dem Rücken zum Korb anbietet

Mis-Match: nicht passende Zuordnung eines Verteidigers zu einem Angreifer. Beispiel: Schlechter Verteidiger deckt guten Angreifer, oder: Kleiner Verteidiger deckt großen Angreifer

Offensivrebound: Sichern eines vom Brett oder Ring zurück ins Feld springenden Balls durch die vorher angreifende Mannschaft

Outlet-Paß: nach Erlangen des Defensivrebounds der erste Paß zur Seitenlinie, um den Fast-Break einzuleiten

Set-Play: Spiel 5 gegen 5, wobei die Angreifer nach vereinbarten Prinzipien angreifen

Stretching: eine Methode des Dehnens von (verkürzten) Muskeln

Strong-Side: gleichbedeutend wie »Ball-Side«

Stuffen: Abblocken, Ablenken des Balls, nachdem dieser die Hand des Werfers verlassen hat

Switchen: Tauschen der Angreifer zwischen zwei Verteidigern, zum Beispiel nach einem Block

Trailer: beim Fast-Break der nachlaufende Angreifer, der hinter dem Ball durch die Zone schneidet

Transition: Überbrücken des Feldes

Weak-Side: ballschwache Seite, die Seite der Offense, auf der kein Angreifer im Ballbesitz ist

Sachwortverzeichnis

Abstreifen 66
Angreifen des Balles 84
Angriff gegen Ball-Raum-
 Verteidigung 39
Angriff gegen Mann-Mann-
 Verteidigung 38
Angriff gegen Mann-Mann-
 Presse 119
Angriff gegen Mischformen
 der Verteidigung 120
Angriff gegen Zonenpresse
 116
Ausblocken 104
Ausrichten zum Ball 110
Aurüstung 10
Ballbesitz 32
Ball-Raum-Verteidigung 98
Ballvortrag 114
Block 63
Blockbekämpfung 91
Blockrolle 91, 94
Cut 71
Cut-Defense 83
Defense 76
Deny-Defense 85
Dribbeln 51
Dunking 72
1-1-Spiel 61
Early Offense 115
Fangen 49
Fast-Break 111
Fintieren 59

Formen des Basketballs 28
Give-and-Go 69
Grundstellung Defense 76
Grundstellung Offense 33
Handwechsel 54
Help-Side-Defense 87
Kommunikation 101
Mann-Mann-Verteidigung 80
Mannschaft 11
Mischformen der Verteidi-
 gung 102
Offense 33
Offenserebound 73
Outlet-Paß 111
Over the top 91 f.
Passen 40
Pivotieren 57
Schiedsrichter 31
Schneiden 71
Set-Play 35
Spielklassen 25
Stuffen 103
Transition-Defense 78
Training 15
Trainingsperiode 23
Übergeben eines Angreifers
 99
Wurf 71
Wurfschirm 69
Wurf stören 103

Sascha Janzen

Basketball – Illustrierte Regelkunde

Ullstein Buch 27628

Basketball ist »in« – aber wer die Regeln nicht beherrscht, ist eben »out«.
Die offiziellen Basketballregeln machen einem den Zugang zu diesem rassigen Spiel allerdings auch nicht leicht – dieses Juristendeutsch! Seltsam, daß bisher noch niemand auf die Idee gekommen war, die Basketballregeln ganz verständlich und mit vielen Illustrationen zu erklären.
Sascha Janzen ist der erste, und er hatte dazu eine ganz originelle Idee. Er verband seine illustrierte Regelkunde mit dem typischen Ablauf eines Basketballspiels. So versteht man die Basketballregeln spielend.

Ullstein Sport